LGBTってなんだろう？

改訂新版

自認する性・からだの性・好きになる性・表現する性

認定特定非営利活動法人ReBit代表理事
藥師実芳
ReBit所属
笹原千奈未・古堂達也・小川奈津己

［著］

合同出版

この本を読まれるみなさまへ

　本書を手に取っていただき、ありがとうございます。

　最初に質問をさせてください。

　あなたの身近にLGBTの子どもはいますか？

　同性が恋愛対象となる人や、出生時に割り当てられた性と自認する性が異なる人など、LGBTの人たちは約5〜8％、40人クラスであれば2〜3人くらいいると考えられます。しかし、周りに言えずに、1人で抱え込む子どももすくなくありません。

　身近にLGBTの子どもたちがいるという方もいれば、あったことがないという方もいらっしゃると思います。

　しかし、身近にはいないと断言することはできません。あなたが気づいていないだけで、少し視野を広げれば、LGBTであることに1人で悩んでいる子どもがいるはずです。

　2015年4月、文部科学省はセクシュアルマイノリティの子どもたちへ配慮を求める通知を全国の小中高校などへ出しました。

　どこにもいる、多様な性を持つ子どもたちについて知ってほしい——そんな思いから、この本ではLGBTの学生・若者ら50人以上の声を紹介しています。

　もしかしたらその「声」は、あなたの身近にいる人のものかもしれません。「声」をあげられないでいる子が、あなたのすぐ近くにいるかもしれません。

　LGBTへの理解がある大人の存在は、子どもたちの安心につながります。また、LGBTの子どもたちにとって居心地がいい環境は、他のどんな子どもにとっても居心地のいい環境だと、私たちは考えています。すべての子どもに対してその子らしさを見出した対応をしようとしてくれる先生になら、相談ができずに心細さを感じているLGBTの子どもたちにも相談する勇気がわいてくるかもしれません。

　LGBTの子どもたちにとって、相談したときに対応してくれる人がいること、いざというときに相談できる人が身近に1人でもいることは何よりも力になります。

　本書を手にとってくださったあなたが、その1人となってくださいますように。そのとき、この本がLGBTの子どもたちやあなたのお役に立てれば幸いです。

編者一同

もくじ

この本を読まれるみなさまへ　　3

1 セクシュアリティってなんだろう？　　6
2 さまざまなセクシュアリティ　　8

ハルキさんのライフストーリー　　16

3 LGBT の子どもたちに起こっていること　　18
4 なぜ、LGBT について学校で教える必要があるの？　　22

「LGBT」これってホント?　　25

5 男らしさ？　女らしさ？　　28
6 無意識なジェンダーやセクシュアリティの押しつけ　　31
7 性別で分かれていることってなんだろう？　　35
8 みんなが使いやすいトイレって？　　38
9 みんなが楽しい体育・プールって？　　40
10 みんなが受けやすい健康診断って？　　43
11 みんなが楽しい宿泊行事って？　　45
12 みんなが楽しい学校行事って？　　48
13 みんなが参加しやすいクラブ・部活・委員会って？　　52
14 「制服を着たくない！」はただのわがまま？　　55
15 しっくりくる一人称 / 呼ばれ方がない！　　58
16 友だちとの関係　　61
17 恋バナは苦痛？　　64
18 自分らしい人生設計ってなんだろう？　　68

【対談】LGBT ファミリー　　72

19 「はたらく」を考える際に不安に思いやすいこと　　74
20 家族へのカミングアウトはむずかしい　　77
21 否定的な発言が出たとき、どう対処すればいいの？　　81
22 たすけて……。いじめられた　　85
23 LGBT とこころの健康　　89
24 自分を好きになったきっかけ　　93

25 カミングアウトするとき、どんな気持ち？　97

【対談】子ども×親　102

26 相談されたとき、どうしたらいい？　104

27 今日からできること　106

【対談】子ども×先生　112

巻末付録

性の多様性にかんするひと口知識

1 DSDs（Differences of Sex Development ：〈からだの性〉のさまざまな発達）　116

2 性同一性障害の治療等について　116

3 LGBT にかんする法律や制度　118

4 日本でのLGBT にかんする自治体の取り組み　119

5 世界の学校でのLGBT に対応した取り組み　119

6 日本の学校でのLGBT に対応した取り組み　121

実践報告

① ReBit のLGBT 講師たちによる出張授業　122

② ReBit が制作した教材を用いた教員による授業　125

参考情報

相談窓口　130

本・資料・動画　131

おわりに　134

■装幀・本文デザイン　守谷義明＋六月舎
■組版　Shima.
■イラスト　山瀬なお

1 セクシュアリティってなんだろう？

セクシュアリティ（性のあり方）とは、広義には人間の性のあり方全般をいいます。狭義には一人ひとりの性のあり方を意味し、その人がその人であること（アイデンティティ）の一つです。

●セクシュアリティの4要素

セクシュアリティ（性のあり方）は、〈自認する性〉〈からだの性〉〈好きになる性〉〈表現する性〉の4つの要素で説明することができます。

シスジェンダー*ヘテロセクシュアル*女性の一例

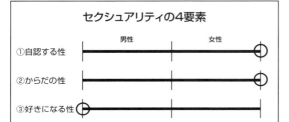

トランスジェンダー男性*パンセクシュアル*の一例

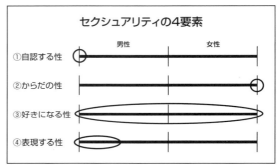

*シスジェンダー　8ページ参照
*ヘテロセクシュアル　9ページ参照

*トランスジェンダー男性　8ページ参照
*パンセクシュアル　10ページ参照

考えてみよう

自分のセクシュアリティを表わすと、どのようになるでしょうか*。

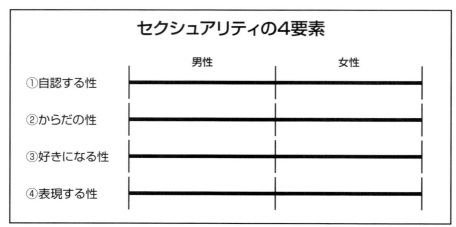

*子どもたちや他の人にこの表への記入をうながしたり、周囲の人と見せ合ったりすることは、精神的苦痛を与えるおそれやアウティング（97ページ参照）の危険があります。このワークをクラス等で実施することは控えてください。

セクシュアリティの4要素

〈自認する性〉
性自認・性同一性・こころの性：gender identity
（ジェンダー・アイデンティティ）
自分自身の性別をどう認識しているか。

〈からだの性〉
生物学的なからだのつくり：sex（セックス）
性染色体や、外性器・内性器の状態、
ホルモンの量など、からだの性のつくりのこと。
女性にも男性にもさまざまなからだの状態がある。

〈好きになる性〉
性的指向：sexual orientation
（セクシュアル・オリエンテーション）
恋愛や性愛の対象となる性別のこと。

〈表現する性〉
性表現：gender expression
（ジェンダー・エクスプレッション）
服装や行動、振る舞いなどからみる社会的性。
〈表現する性〉が〈自認する性〉と一致すると
は限らない。

2 さまざまなセクシュアリティ

セクシュアリティの4つの要素〈自認する性〉〈からだの性〉〈好きになる性〉〈表現する性〉の組み合わせによってそれぞれに名前がついています。外見や言動のみでその人のセクシュアリティを推測することは困難です。ましてや本人が自身のセクシュアリティを曖昧にとらえていたり、迷っているばあいには、周囲がセクシュアリティを推測して決めつけることが、本人の気持ちを混乱させたり、自分らしさ（アイデンティティ）を育てていくための障壁になることもあります。

[〈自認する性〉と〈からだの性〉の関係を指す言葉]

●シスジェンダー

Cisgender：出生時に割り当てられた性と〈自認する性〉が一致している人

シスはラテン語で「こちら側の」という意味の言葉です。シスジェンダーは、〈自認する性〉と〈からだの性〉が一致している人のことをいいます。

●トランスジェンダー

Transgender：出生時に割り当てられた性と〈自認する性〉が異なる人

トランスはラテン語で「あちら側の」という意味の言葉です。トランスジェンダーは、出生時に割り当てられた性と〈自認する性〉が異なるという感覚（性別違和）をもっている人です。〈自認する性〉と〈からだの性〉を一致させる性別適合手術（SRS、117ページ参照）を強く望む人もいれば、望まない人もいます。また、〈自認する性〉に合った服装や言葉づかい、行動をして、周囲から〈自認する性〉と一致した存在として認識されることで、自分のもつ性別違和を軽減・解消する人もいます。

●トランスジェンダー女性

トランスジェンダーのうち〈自認する性〉が女性で、出生時の〈からだの性〉が男性の人を指します。MtF（Male to Female）ということもあります。

●トランスジェンダー男性

トランスジェンダーのうち〈自認する性〉が男性で、出生時の〈からだの性〉が女性の人を指します。FtM（Female to Male）ということもあります。

◉Xジェンダー

トランスジェンダーのうち〈自認する性〉を男性・女性のいずれかとは認識していない人を指します。出生時の〈からだの性〉が男性の人を MtX (Male to X)、出生時の〈からだの性〉が女性の人を FtX (Female to X) ということもあります*。

男性・女性のどちらでもあると自認している「両性」、男性・女性のあいだであると自認している「中性」、男性・女性のどちらでもないと自認している「無性」など、さまざまです。

＊英語では he は男性 she は女性を指しますが、性別区分のない三人称として xe（ゼ）が用いられるばあいがあります。

［〈自認する性〉と〈好きになる性〉の関係を指す言葉］

◉ヘテロセクシュアル
Heterosexual：異性愛者

〈自認する性〉が女性のばあいに男性が、〈自認する性〉が男性のばあいに女性が恋愛や性愛の対象となる人を指します。ヘテロは「異なる」という意味のギリシャ語です。

◉ホモセクシュアル
Homosexual：同性愛者

〈自認する性〉と〈好きになる性〉が同じ人を指します。

ホモは「同類の」という意味のギリシャ語です。

ただし同性愛者を指して「ホモ」という表現は侮蔑的な意味合いが含まれるため、避けてください（12ページ参照）。

◉レズビアン
Lesbian：女性同性愛者

同性愛者のうち〈自認する性〉は女性で、〈好きになる性〉が女性という人を指します。

〈からだの性〉が男性でも〈自認する性〉は女性で、〈好きになる性〉が女性というばあいがあり、レズビアンのトランスジェンダー女性と表わすこともあります。

◉ゲイ
Gay：男性同性愛者

同性愛者のうち〈自認する性〉は男性で、〈好きになる性〉が男性という人を指します。

〈からだの性〉が女性でも〈自認する性〉は男性で、〈好きになる性〉が男性というばあいがあり、ゲイのトランスジェンダー男性と表わすこともあります。

●バイセクシュアル
Bisexual：両性愛者

〈好きになる性〉が異性のばあいも、同性のばあいもある人を指します。バイは英語で「2つの」という意味です。

●パンセクシュアル
Pansexual：全性愛者

すべてのセクシュアリティの人が恋愛や性愛の対象となる人を指します。パンはギリシャ語で、「すべてにわたる」という意味です。

●アセクシュアル
Asexual：無性愛者

いかなる他者も恋愛や性愛の対象とならない人を指します。アは英語で否定形を表わします。

セクシュアリティはグラデーション

　ここで紹介したセクシュアリティはごく一部です。すべての人が、かならずしもどれかにあてはまるわけではありませんし、あてはめないといけないわけでもありません[*1]。その境界線は曖昧で、「グラデーション」[*2]と表現されることもあります。どのような言葉で自分のセクシュアリティを表現するか、他者から認識されたいかは人それぞれによって異なります。

　また、セクシュアリティは移り変わることがあります。自分のセクシュアリティを認識するために必要な情報を得られているか、そのセクシュアリティを受け入れられているか、などによって表現の仕方も変化します。あるいは、状況によって性別違和の強さが変化することもあります。だからといって、「同性愛は一過性のものだ」「性別違和は思い込みだ」などと否定したり軽視したりすることはしてはいけません。また、人のセクシュアリティを決めつけることも避けましょう。その人のセクシュアリティを決められるのはその人だけです。

　*1　自分自身のセクシュアリティを決められない・わからない、または、あえて決めない人をクエスチョニングということもあります。
　*2　明るさや色彩、濃淡などが連続的に変化していくことで、境目が決められません。

［複数のセクシュアリティをまとめた言葉］

●セクシュアルマジョリティ

前述のセクシュアリティのうち、シスジェンダー（出生時に割り当てられた性別と〈自認する性〉が一致している人）でヘテロセクシュアル（異性愛者）の人はセクシュアルマジョリティ（多数派）といわれます。

●セクシュアルマイノリティ

前述のセクシュアリティのうち、シスジェンダー（出生時に割り当てられた性と〈自認する性〉が一致している人）でヘテロセクシュアル（異性愛者）以外の人は、セクシュアルマイノリティ（少数派）といわれます。

マイノリティという言葉には、単に数がすくないというだけでなく社会的弱者という意味合いもあり、実際にマイノリティの人は社会生活上さまざまな困難にぶつかることがあります。

● LGBT

LGBTとは、レズビアン、ゲイ、バイセクシュアル、トランスジェンダーの4つの言葉の頭文字を合わせた言葉です。狭義には、この4つのセクシュアリティを包括して表わしています。広義には、セクシュアルマイノリティを総称するときに使われることもあります（本書では、セクシュアルマイノリティ全体を指す意味で、LGBTという言葉を使用しています）。

さまざまな調査がありますが、国内では人口の5～8％*、約13～20人に1人がLGBTとも考えられます。学校であれば、40人のクラスに2～3人はLGBTの子どもがいることになります。しかし、調査方法によっても変動するため正確な数字の把握は困難です。

*調査の対象・方法などにより結果が異なるといわれています。調査には、たとえば次のようなものがあります。
・アメリカのThe William Instituteが2011年に行なった成人における推計「How many peoples are lesbian, gay, bisexual, and transgender?」では、LGBが3.5％、Tが0.3％
・株式会社LGBT総合研究所が2016年に国内で行なった「LGBTに関する意識調査」では、LGBTを含む性的マイノリティは8.0％
・電通ダイバーシティ・ラボが2018年に国内で行なった「LGBT調査2018」では、LGBTを含む性的マイノリティは8.9％

● SOGI ／ SOGIE

　性の多様性を表わす言葉として「SOGI（ソジ）」「SOGIE（ソジー／ソジイー）」という言葉*が使われるようになってきました。これは「セクシュアルマイノリティの人もそうでない人も、それぞれに〈好きになる性〉と〈自認する性〉があり、〈表現する性〉も多様である」という考え方から生まれた言葉です。「セクシュアルマイノリティの権利を守ろう」か

ら「すべての人がもっているそれぞれのセクシュアリティをおたがいに尊重しよう」という考え方に変わっていくことで、すべての人にかかわる人権のテーマであるということが強調されています。

＊「Sexual Orientation（好きになる性）」「Gender Identity（自認する性）」の頭文字を並べて「SOGI」、それに「Expression（表現する性）」を加えたのが「SOGIE」。

LGBT を揶揄する言葉

　厚生労働省の定めた男女雇用機会均等法の中で、同性間や LGBT に対する性的な言動もセクハラと認められました。LGBT を揶揄（やゆ）するだけでなく、LGBT をいないものとした冗談や無意識の発言に、発した本人に差別的な意識がなくとも、傷つく人がいます。また、正しい用語を使っていたとしても、笑いの文脈や差別的なニュアンスで発した言葉は差別用語になり得ます。人権課題として対応してください。

ホモ
　男性同性愛者を侮蔑する言葉として用いられる。

レズ
　女性同性愛者を侮蔑する言葉として用いられる。

オカマ／おんなおとこ
　〈からだの性〉が男性でありながら「女性らしい」とされる性表現をする人に対して用いられる。

オナベ／おとこおんな
　〈からだの性〉が女性でありながら「男性らしい」とされる性表現をする人に対して用いられる。

性別違和にかんするさまざまな名称

〈自認する性〉と〈からだの性〉の不一致を感じている人たちに対する医学的な分類名です。

GID(Gender Identity Disorder：性同一性障害)
医学的には「自らの性別に対する不快感・嫌悪感」「反対の性別に対する強く持続的な同一感」「反対の性役割を求める」ことなどから診断されます[*1]。

GD(Gender Dysphoria：性別違和)
2013年、アメリカ精神医学会は「精神障害／疾患の診断・統計マニュアル第5版」（DSM-5）において「Gender Identity Disorder」を「Gender Dysphoria」に変更しました。2014年、日本精神神経学会は「Gender Dysphoria」の日本語訳を「性別違和」としました[*2]。

GI(Gender Incongruence：性別不合)
2018年、世界保健機関（WHO）は「国際疾病分類第11回改訂版」（ICD-11）において性同一性障害（Gender Identity Disorder）を精神疾患から外し、「性の健康に関連する状態」という分類の中の「Gender Incongruence」という項目としました。「Gender Incongruence」は「性別不合」と仮訳されています。なお、ICD-11は2022年発効の予定です[*3]。

[*1] 日本精神神経学会性同一性障害に関する委員会 (2018)「性同一性障害に関する診断と治療のガイドライン第4版改 (2018.1.20)」p.14
[*2] 中塚幹也 (2017)『封じ込められた子ども、その心を聴く：性同一性障害の生徒に向き合う』ふくろう出版、pp.31-32
[*3] 同上

LGBT学生の声

●保育園のときから男の子が好き、でも言えなかった
保育園のとき、お気に入りの男の子が何人かいて、お昼寝の時間になんとかその子の隣に寝ようとしてダダこねていました。でも、母親から「好きな子いるの?」って聞かれたときには、女の子の名前を答えていました。男の子の名前は出せなかった。なんでだろうね。【祐介・28歳・ゲイ】

●「オカマ」「気持ち悪い」って、いじめられた
幼稚園のときは、「典型的に女の子っぽい感じ」の男の子でした。それで、年長くらいから「オカマ」とか「気持ち悪い」っていじめられるようになって、「あ、ダメなことなんだな」って思って、隠しはじめました。でも、喋り方とか表情とか歩き方を常に意識し続けるのは無理でした。小4のときに同性に初恋した。でも、当時は同性に惹かれたって感覚はなかったから、それで困るとかは思わなかった。【たいが・24歳・Xジェンダー】

●友だちと同じ恋愛をしないとダメ?
小学校5年生くらいのときに、同級生の女の子のことを好きになった。仲良くしたいなぁって。でもね、当時はそれが好きって気づいてなかった。ただ、中学生くらいになると、友だちは彼氏できたとかそういう話ばっかしてるからすごく疎外感を感じてた。高校1年から2年まで、男の子とつき合ってた。自分も恋愛しなきゃダメなんじゃないかって思ったから。そのときはまだ、親の期待もあるし、結婚して子ども産んだりはすると思ってた。【ろっこ・22歳・レズビアン】

●女子を好きになる私
小6からレズビアンかなって思った。お母さんに話したら「あんたレズみたいで気持ち悪い。どんな大人になるか心配だよ」と言われた。人には絶対話しちゃいけないんだなって思った。好きになった人がたまたま女の子なのか、女の子しか好きにならないのか、どっちなんだろうって、高校くらいまでずっと思ってた。【アイコ・22歳・レズビアン】

●つき合う相手が女の子でも男の子でも、なにも変わらない
高校のときは、女の子とつき合っていた。いまは男の子とつき合ってるけど、女の子とつき合ってたときと気持ちとしては変わらない。男の子だから好きになったんじゃなくて、たまたま好きになった人が男性だったんだなって、あらためて思った。どっちも同じようにかわいいなって思ったり大切にしたいなって思う。【しゅうへい・20歳・バイセクシュアル】

●違和感! 二次性徴がこわいの!
自分の身体に違和感があり、二次性徴が訪れることが何より恐怖だった。中学生の頃は髪を肩まで伸ばしていたし、私服はユニセックスなものを着ていた。学校以外に外出するときは胸にミニタオルを詰めて胸が出ているように見せかけるなど、女らしくしていたりもした。声変わりが一番ショックだった。【さち子・22歳・戸籍変更済みMtF】

●「セクシュアリティ＝私」

大学1年生の頃、「《男もしくは女》として生きていかなければならないのか？　自分はどちらとして生きればいいのか？」という当時抱えていた悩みを母に打ち明けました。その際、私は主に外性器の形状が男性化した状態であるインターセックスとして生まれてきたという事を伝えられて。「同じセクシュアリティは存在しない、皆異性。どんなラベルも当てはまらない、『セクシュアリティ＝私』として生きていこう」という考え方に行きつき、今とても居心地がいい。
【しょうちゃん・23歳・私。恋愛対象は、人間】

●混同されがちな同性愛と性同一性障害

自分がトランスジェンダー男性であることは早々に納得した。でも、図書館で借りてきた本の中には、トランスジェンダー男性の人は女子を好きで悩んだみたいなエピソードが多く載っていて、そのときに「あれ俺、男子を好きだけど……？」と思った。トランスジェンダー男性なのに男子を好きでいていいのか？　トランスジェンダー男性なら女子を好きじゃないといけないんじゃないのか？　男子が好きだったら、自分は女子なんじゃないか？　ということで悩んだ。大学1年生のときの授業でトランスジェンダー男性の数パーセントも同性愛者だと知ってようやく納得できた。【なっさん・23歳・トランスジェンダー男性　ゲイ】

●「中間」ではなく「自分自身」

一時期 FtM なのかなあって思った時期もあったけど、男になりたいわけじゃない。X ジェンダーっていう概念を知って、「あ、自分でいいんだ」って思えた。中間ってイメージよりも自分自身ってイメージなんだけど。社会的に女性として生きていくかは、まだ悩んでいる。【いくみ・22歳・男でもないけど女でもない】

●「好き」に性別は関係ない

好きになる理由の中に性別はない。「選択肢が広くていいね」って言われるけど、だれにでも恋するみたいなわけでは決してないんだよね。【ちなみ・21歳・パンセクシュアル】

●「好き」ってなに？

恋愛全体がわからない。「特定の人とずっと一緒にいたい」とか「抱きしめたい」とか思わないし、「きゅんきゅんする」って言葉の意味がよくわからない。「好き」って言葉のとらえ方や人それぞれの定義がちがい過ぎるから、意図とちがうとらえ方されるのがこわくて「好き」という単語は日常生活の中でなかなか言えなかった。【Y.N・22歳・FtM アセクシュアル】

● X ジェンダーの自分

LGBT サークルで FtX の子と知り合って、はじめて X ジェンダーって概念を知りました。「あーこれを探してたんだ！」という衝撃を受けました。自分の人生を振り返ってみたら、女性とも男性とも言いきれなくて。どっちでもないっていう性自認、そういうアイデンティティはあるから、X なのかなと思いました。もっというと、MtFtX＊なのかな。【たいが・24歳・X ジェンダー】

＊ MtFtX：〈自認する性〉が男性から女性へ、その後 X ジェンダーへ移行したことを示します。

◆ ハルキさんのライフストーリー

ハルキさん（仮名・17歳）。父と母、兄、母方の叔母と同居。〈からだの性〉は女性。
高校2年のとき性同一性障害の診断を受け、現在は男子生徒として高校に通学。

　なんとなく違和感をもったのは、幼稚園のとき、「兄（2歳上）と制服がちがうな」って
感じたのが一番最初ですね。

　小学校入ってから、並ぶ列とか、さん・くん付けとか、いろんなところで男女に分け
られて。それで、女のほうに分けられたから、「あぁ、自分は女なんだなぁ」みたいな。

　現実に違和感をもつようになったのは中学に入ってからで、制服のスカートがいやで、
第二次性徴が受け入れられなかった。親から「女だから○○しろ」って言われるのがすっ
ごいいやで、中3になると黙っているのに限界が来て、ちゃんと向き合わなきゃって思
いました。仲がよかった友だちに「自分は性同一性障害なのかもしれない」って話したん
です。そしたら、その子がネットで性同一性障害について調べてくれて、一緒に考えて
くれたのがうれしかった。

　母親には、高校受験が終わった3月に伝えました。「実は性同一性障害で、幼稚園の
ときはこう思ってて、小学校のときはこう思ってて、中学のときはこう思ってて……」「そ
ういう子に生まれてごめんなさい」っていうことを手紙に書いて渡した。最初、母は「あ
なたは男の子の友だちもいないし、学校でも普通に過ごしてるから、ちがうんじゃない
の？」って言って、「そうじゃないんだよ！」みたいな、お互い感情的になってしまいまし
たね。でも、母なりに考えてくれたみたいで、カミングアウト*の後、「何か困ったときに
頼れる場所があるといいよね」とすぐに病院を探してくれて、それではじめてジェンダー
クリニックに行きました。

　高1の秋くらいから、学校休みがちになったんですね。やっぱり、スカートはいて女
子として生活するっていうのが苦痛になってきて、先生も心配して「困ったことがあった
ら相談して」って言ってくれたんですけど。そのときはもう、学校辞めるつもりだった
んです。でも、親が「先生がそうやって言ってくれたんだから、辞める前に一回事情をぶ
つけてみたら？」って言ってくれたので、先生に「制服がいやだ」ってことを伝えた。そ

したら「スカートがいやなら、ズボンだけ変えたら？」って返事だった。女子の制服はブレザー
で、男子が学ランなので、「どうせみんなに説明しなきゃいけないなら、僕は学ランが着たい」
と言ったんです。それで、校長先生を含めた面談をすることになった。校長先生には「学ラン
で学校通えるんだったら、どうぞ」と受け入れてもらえて、学籍簿と、からだに関係あること
以外は男子生徒の扱いにしてもらえることになりました。トイレは使われてなかった車いす
用のを使えるようにしてくれました。

　高1の3学期の終わりに、学年全体に「性同一性障害なので、これからは制服を変えて、男
子として生活します」っていうことを伝えました。でも、それから周りがどう思っているのか、
不安で仕方がなかった。男友だちからしたら、それまで女子だった自分が、いきなり男子のほ
うに来るわけだから……。それって大丈夫なのかなって……。

　高3になる春に、ホルモン治療をはじめたんですね。そのとき「なんの治療？」って聞いて
きた友だちがいて、「自分のからだの違和感を減らすための治療だよ」っていうのを話したら
「あ、知ってる。カミングアウトされたときに調べたよ」って。それで、自分が思っているより
も考えてくれる人がいるんだなって思ったのを覚えています。

　先生たちにはカミングアウトしたとき、全員に伝えてもらったんだけど、女子のままになっ
てた名簿を家庭科の先生が書き直して全員に配ってくれたことがあって、そういう先生の
ちょっとした気配りに、「わかってくれてるんだなぁ」と思ってすごい安心します。

　自分が性同一性障害だってことを自覚してから受け入れるのには、やっぱりすごい時間か
かりました。男か女としての人生から自分がはずれるっていう感覚をもってしまい、落ち込
みました。

　自分の生き方をイメージできるようになったのは、高2くらいからですね。制服変わった
りとか、周りの支えがあったりで、こうやってでも生きていけるんだなっていうのを実感して
から、やっと、「あぁ、生きていこう」って思えましたね。

　＊自身のセクシュアリティをだれかに伝えること

3 LGBTの子どもたちに起こっていること

思春期までに自身のセクシュアリティに気づくLGBTの子どもたちが多いといわれています。個人差・環境差はありますが、特に思春期には第二次性徴がはじまることや周囲で恋愛の話題が増えることなどから、自分のセクシュアリティを意識する機会が増えるといわれています。自分が周囲とちがうようだと感じても、相談することも適切な情報に触れることもできない不安は計り知れません。

● LGBTへの偏見や無理解

LGBTの子どもたちの生きにくさの原因は、適切な情報や理解者・支援者とのつながりがないこと以前に、周囲の無理解や偏見にあります。

LGBTの子どもたちのみならず、すべての大人にも子どもにも、多様な性にかんする知識・情報が必要です。

●約93%の子どもが学校で同性愛について適切な教育を受けていない

LGBTをはじめとするセクシュアルマイノリティを対象に実施した調査で、「これまで学校教育で同性愛についてどのような情報を得てきたか」という質問がされました。

グラフが示すとおり、学校教育では同性愛について適切な教育がされていないことがわかります。

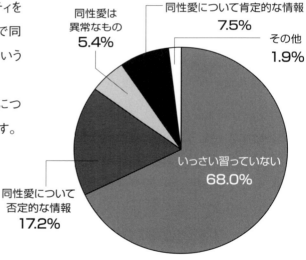

日高庸晴 (2016)：LGBT当事者の意識調査「REACH Online 2016 for Sexual Minorities」p.2 (2016年7月15日〜10月31日実施、有効回答数15,141件) http://www.health-issue.jp/reach_online2016_report.pdf

●約9割が中学生までに性別違和を自覚する

性別に違和感を感じ始めた時期は、小学校入学前までが56.6%、中学校入学前までが80%、高校入学前までが89.7%と、約9割が義務教育修了までに自覚しています。とくにトランスジェンダー男性では、小学校入学までに70%がすでに性別違和を感じていると報告されています[*]。

また、中学生以前に性別違和を自覚していた本人に対して、「性同一性障害について教えてほしかった時期はいつか」という質問をしたところ、トランスジェンダー男性が第二次性徴の発現する頃（平均12.2歳）、トランスジェンダー女性が、第二次性徴発現より前（平均10.7歳）に教えてほしいと回答しています。

この調査結果からもわかるように、小学校入学前にすでに性別違和をもっている子どもたちがおり、小学生、中学生の時期にセクシュアリティの基礎知識を教わることは重要です。

＊中塚幹也（2017）『封じ込められた子ども、その心を聴く：性同一性障害の生徒に向き合う』ふくろう出版、pp.49-53

●自殺未遂リスクは異性愛者の6倍

ゲイ・バイセクシュアル男性を対象にしたインターネット調査（有効回答数5,731人）によると、約65％が自殺を考えたことがあり（自殺念慮）、15％前後が実際に自殺未遂の経験があるという結果が報告されています[1]。

右の図は、大阪のアメリカ村[2]で実施した無記名自記式質問票を用いた街頭調査の結果を示したものです。「異性愛（者）でない」と回答した男性の自殺未遂リスクは、「異性愛（者）」の約6倍にあたります。同性愛者の自殺率や自殺未遂率の高さが、セクシュアリティに起因するとは言いきれませんが、その背景に性的マイノリティとしての生きづらさがあることを無視するのは危険です。

また、セクシュアリティを要因とする自殺未遂経験がその他の要因にくらべて高いことも、この図からわかります。

性同一性障害のばあいも、ジェンダークリニックを受診するまでに自殺念慮を抱いたことがある人は58.6％、自傷・自殺未遂をしたことがある人は28.4％、不登校を経験したことがある人は29.4％、精神科合併症の既往歴がある人は16.5％いると報告されています[3]。

2012年8月に閣議決定された自殺総合対策大綱には、「自殺念慮の割合等が高いことが指摘されている性的マイノリティについて、無理解や偏見がその背景にある社会的要因の一つである

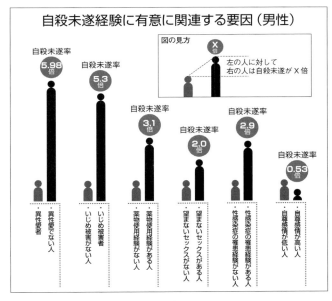

Hidaka Y, Operario D, Takenaka M, Omori S, Ichikawa S and Shirasaka T (2008):Attempted suicide and associated risk factors among youth in urban Japan, Social Psychiatry and Psychiatric Epidemiology 43:752-757
を日本語解説したWebページ「わが国における都会の若者の自殺未遂経験割合とその関連要因に関する研究―大阪の繁華街での街頭調査の結果から―（有効回答数2,095人）」
(http://www.health-issue.jp/suicide/) より日高教授の許可を得てグラフを転載

と捉えて、理解促進の取り組みを推進する」と、LGBTが自殺のハイリスク層であることが書かれています。また、「無理解や偏見がその背景にある社会的要因の一つであると捉えて、教職員の理解を促進する」とも明記されており、この問題解決への取り組みにおける教職員の役割の重要性が示されています。

*1　日高庸晴, 木村博和, 市川誠一（2007）：厚生労働科学研究費補助金エイズ対策研究推進事業「ゲイ・バイセクシュアル男性の健康レポート2」pp.9-pp.10
*2　アメリカ村：大阪市中央区西心斎橋付近の通称。若者文化の発信地で、「西の原宿」とも呼ばれています。
*3　中塚幹也（2017）『封じ込められた子ども、その心を聴く：性同一性障害の生徒に向き合う』ふくろう出版、pp.49-53

◉年間31万件以上、性的指向・性自認にかんする相談が寄せられる

厚生労働省の委託事業である無料電話相談の「よりそいホットライン」には、セクシュアルマイノリティにかんする相談の専門回線が設けられています。この回線には年間31万件以上の電話があり、その3割以上が10代、20代の相談です。子どもたちの周囲に、セクシュアリティについて相談できる人や窓口がないことがうかがわれます*。

「相談されたことはないから、自分の周りにはいない」という声を聞きますが、「見えないからいない」というわけではありません。周囲から認識されていないだけで、実際には悩みながらも相談できずにいる子どもたちがいます。

*よりそいホットライン平成28年度報告書

◉全国の学校から606件の性同一性障害の児童・生徒の報告

2013年に文部科学省が実施した「学校における性同一性障害に係る対応に関する状況調査」では、606件の性同一性障害の児童・生徒が報告されました。この調査は、国公私立の小学校、中学校、高等学校、中等教育学校、特別支援学校を対象とし、学校現場における性同一性障害への対応の現状を把握することを目的として実施されました。

調査報告では、小学校93件、中学校110件、高等学校403件と、学年が上がるごとに報告件数も増加しています。学校側が性同一性障害の児童生徒の状況を把握するためには、本人の認識や説明能力に頼らざるを得ないため、まだ自分の状況を自分で伝えることができない子どもなど、実際には、報告をはるかに上回る件数が隠れ

ていると想定されます。

それらをふまえ文部科学省からは、「性同一性障害に係る児童生徒に対するきめ細やかな対応の実施等について」（2015）という通知が出されました。対応の実施にかんする学校や教育委員会などからの質問に対する回答は、「性同一性障害や性的指向・性自認に係る、児童生徒に対するきめ細やかな対応の実施等について」（2016）にまとめられています。

LGBT学生たちの声

●実ることのない恋愛を経験…

高校生のとき、仲の良かった男の子に恋心を抱いた。当時は、一男子として扱われたので精神的につらかった。どんなに想いを寄せても伝えられないやるせなさやもどかしさがあり、自分の性、自分が置かれている境遇を憎んだ。普通に恋愛してつき合ったりしている周りの子たちが羨ましくて仕方なかったです。【さち子・22歳・戸籍変更済みMtF】

●外からだけではわからない

我慢するのも自分を抑え込むのも限界で、やり場のない感情をどうにかしようと自傷していた。でも実際には、自傷しているときが一番つらいわけじゃない。していないけどすごくしんどいときもあった。目に見えるSOSばかりじゃない。あのとき、寄りかかれる大人がいたら良かったのになあ。【瑛真・21歳・FtXパンセクシュアル】

●周りからは優等生って思われてたけど、ずっと死にたかった

高校生になったくらいからずっと死にたかった。生きたい、というのはない。ただ、自分が死ぬことでだれかを悲しませるとか、だれかに迷惑がかかるとかを考えると死ねなかった。だから死なないために、責任ある役職に就いたり仕事をいっぱい引き受けたりして死ねない理由をつくった。自死の方法もたくさん調べて、その1つひとつに、その死に方がいやな理由を並べた。そうやって何とか自分を納得させていた。【なっさん・23歳・トランスジェンダー男性 ゲイ】

●本当は先生に話したかった

一回でもいいから、たとえばホームルームでも授業でも雑談の1つとしてでもLGBTの話題を先生の口から出してくれていたとしたら、そしたら絶対、そのつぎの休み時間に先生のところに行って「先生からそういう話でてきたけど、実は僕そういうこと考えたことあるんです」って言っていたと思う。「先生の友だちにいるよ」とか、「こういうニュースを見たよ」とか、「この学校にLGBTの人がいてもおかしくないよ」とか。先生の口からそういう言葉が聞けたら先生に話せたかも。先生にすごく相談したかったけど、でもそれが叶わなかったから。【M.N・22歳・バイセクシュアル】

4 なぜ、LGBTについて学校で教える必要があるの？

今なお学校教育の中で性の多様性について知る機会を得られずに成長する子どもは多くいます。

だれもが"他者とちがう"部分をもっていると理解することは、互いのちがいを否定することなく人間関係を築くために重要です。性の多様性について教えることは、多様性を知るきっかけになります。

● LGBTの存在が見えにくい

約13〜20人に1人がLGBTと考えられますが、その存在は社会の中で認識されていません。そのため、LGBTの人たちは心ない言動に傷ついたり、孤立感を抱くことがあります。また、カミングアウトしている人がすくないため、身近に「ロールモデル」(模範、目標になる人)を見つけることが困難で、LGBTの子どもたちは生きていく展望をもちにくい状況があります。

● 正しい知識が与えられない

アイデンティティを形成する時期に、性の多様性について正確な知識や情報を知る機会がなく、自分が何者かわからないまま思春期を過ごす人もいます。また、日常生活やメディアでは、LGBTを笑いの対象とするような、否定的な扱いがすくなくありません。

● 支援を受けにくい

安心して生活するために必要な情報や理解者・支援者を得る相談ネットワークが学校や企業、社会にまだまだ整備されていません。中にはインターネットに流されている誤った知識や安全性の低い情報によって危険な人間関係に巻き込まれてしまうケースもあります。

LGBTの子どもたちが陥りやすい状況

- LGBTに対する嫌悪感が内在化し自分自身に嫌悪感をもつ。
- 友人や家族との信頼関係の構築が困難になる。
- いじめや性暴力を受けやすい。
- 自尊感情や自己肯定感が低下する。
- アイデンティティの確立が困難になる。
- 自傷行為に及ぶ。
- 希死念慮や自殺企図が高まる。
- ライフプラン構築の困難から将来への不安が生じる。

●性の多様性を知ることはすべての子どもたちに意義がある

　性のあり方は、子どもたちの将来にかかわるアイデンティティのひとつです。だからこそ、性の多様性について知ることができないことは、安心して生きていけないことにつながるかもしれません。

　また、性の多様性にかんする情報を、LGBTの子どもたちだけに届けるのではなく、すべての子どもたちに届けることで、「ちがい」を尊重し合える学校環境づくりにつながっていきます。

　実際に、ReBitのLGBT講師たちによる出張授業を受講した中学生のうち、「LGBTについて学ぶことは他の多様性について考えることにつながると思う」という生徒は、授業前が62%だったのに対して、授業後には87%になっていました。また、「多様な性について中学生に伝えるべきだ」という生徒も、授業前は60%でしたが、授業後には82%になっていました*。

*認定特定非営利活動法人 ReBit（2019）「多様な性に関する授業がもたらす教育効果の調査報告2019」p.17
https://rebitlgbt.org/project/kyozai

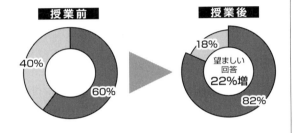

LGBTについて学ぶことは
他の多様性について考えることにつながると思う

授業前：62% / 38%
授業後：87% / 13%（望ましい回答 25%増）

多様な性について中学生に伝えるべきだ

授業前：60% / 40%
授業後：82% / 18%（望ましい回答 22%増）

■ 非常にそう思う／そう思う／ややそう思う　　■ あまりそう思わない／そう思わない／まったくそう思わない

LGBT学生たちの声

●社会に受け入れてもらえないだろうから、自分でも受け入れられない

高校2年の頃は、自分自身のセクシュアリティにはうすうす気がついていたけど、絶対に認められなかった。この学校と街では（＝社会的に）受け入れられないと思ってたから。【ろっこ・23歳・レズビアン】

●すべてあきらめることで自分を守ってた……

自分に対する嫌悪感とかはすごくあるんだよね。制服変えたいとか言わなかったり、何か学校に対応を求めたりしなかった……。すべてあきらめること・期待しないことで自分自身を守っていたからだって最近になって思える。【鈴成・21歳・FtM】

●正しい情報の不足により生じた将来への不安

小学校6年生で「性同一性障害かも」と思った頃からインターネットで情報を探したが、間違った情報が多かった。たとえば、「性風俗以外、仕事の選択肢はない」とか「（性別適合手術などの）治療をしたら、寿命は30歳」とか。小学校6年生の僕はそれらの情報を信じて、どう生きていけばいいのかわからなくなった。実際それらがニセ情報と知れたのは、大学に入ってから。【やっくん・23歳・トランスジェンダー男性 パンセクシュアル】

●知ることでアイデンティティが確立された

小学校の頃にはもう女の子が好きだったから自分なんなのかなって思ってた。たしか、テレビドラマの再放送で、"性同一性障害"って言葉を知って、「あ、俺これじゃん」って。すーごいホッとしたよね。たぶんさ、何者かわからないときの方がつらかったんだよな。【光・21歳・FtM】

●将来への不安

将来生きてはいけるのかもしれないけど、だれかと一緒にいることができないんだって思い込んでた。つき合えないだろうし、家族もできないだろうから1人で死んでいくんだろうなって漠然と恐れてた部分もある。【白石朋也・21歳・ゲイ】

●だれも理解してくれないと思っていた

だれにも言ったことがないから、実際に話したらどんな反応が周りからくるかわからなくて、ばれたらきっと卒業してからだれも話してくれなくなると思い込んでいた。当時、彼女がいて、周りの友だちから「お前ら、仲良すぎんだろ」って冗談交じりに言われてたから、この行動したら怪しまれるかな、と細かいことまで気にするようになってた。【マホ・21歳・FtX パンセクシュアル】

「LGBT」これってホント？

①〜⑰の説明が正しいか間違っているか○×で答えてください。

① 同性愛は病気である

② 同性愛や性同一性障害は思春期に起こる一過性のもので、
時間が経てば治る

③ 親や先生が LGBT だと、子どもも LGBT になる

④ LGBT は海外には多いが、日本にはいない

⑤ LGBT の人とかかわると LGBT になる

⑥ 同性愛者は同性の人ならどんな人でも好きになる

⑦ LGBT であることがわかると就職できない

⑧ 同性愛者は異性がこわいから同性を好きになる

⑨ すべてのゲイはオネエ言葉で話す

⑩ すべての LGBT は物心ついたときからその自覚をもっている

⑪ 同性愛を犯罪と考えている国はない

⑫ LGBT にはおもしろい人や美的センスが高い人が多い

⑬ すべてのゲイは女っぽく、レズビアンは男っぽい

⑭ 性同一性障害の人はみんな、性別適合手術を希望している

⑮ すべての同性カップルに男役と女役がある

⑯ HIV はゲイだけが感染する

⑰ LGBT は家族をもてない

「LGBT」これってホント？　解答と解説

①同性愛は病気である

答え：×

同性愛が、倒錯性愛者と認識されていた時代が日本にもありましたが、WHO（世界保健機関）が「同性愛はいかなる意味でも治療の対象とはならない」（1993年5月17日）という宣言をしたことを契機に、同性愛は医学的治療が必要なものであるとは考えられなくなり、国際社会ではアイデンティティの1つとしてみなされるようになっています。

②同性愛や性同一性障害は思春期に起こる一過性のもので、時間が経てば治る

答え：×

思春期にセクシュアリティがゆらぐこともあるということはたしかですが、成人にLGBTが存在することからもすべてのセクシュアリティのゆらぎが一過性で、時間と共になくなるということはありません。また、治す必要があるものでもありません。

③親や先生がLGBTだと、子どももLGBTになる

答え：×

LGBTの親が育てた子どもがLGBTでないケースは多々あります。LGBTでない親が育てた子どもがLGBTであることもあります。また、LGBTは人口の約5〜8％に相当するという調査結果もあることから、当然教員の中にもいます。しかし、その影響によって教え子がLGBTになるというようなことはありません。

④LGBTは海外には多いが、日本にはいない

答え：×

日本でも人口の約5〜8％がLGBTであるとの調査があり、40人クラスのばあいは2〜3人がLGBTの子どもであると考えられます（11ページ参照）。

⑤LGBTの人とかかわるとLGBTになる

答え：×

セクシュアリティはアイデンティティだからこそ他者から"伝染"することはありません。

⑥同性愛者は同性の人ならどんな人でも好きになる

答え：×

異性愛者にとってすべての異性が恋愛対象にならないのと同様に、同性愛者にとってすべての同性が恋愛対象になるわけではありません。

⑦LGBTであることがわかると就職できない

答え：×

実際に職場にカミングアウトをして働く人や、就職活動時にカミングアウトをして就職する人がいます。また、企業によってはセクシュアリティによって差別をしてはいけないと明文化している企業や、福利厚生において同性パートナーを配偶者として取り扱う企業もあります。しかし、同性愛者・両性愛者の42.5％とトランスジェンダーの87.4％が選考時に性的指向や性自認に由来した困難などに直面している＊ことからもわかるように、求職や就労において困難を経験することもあります。

> ＊認定特定非営利活動法人ReBit（2019）「LGBTや性的マイノリティの就職活動における経験と就労支援の現状」

⑧同性愛者は異性がこわいから同性を好きになる

答え：×

異性をこわがる同性愛者もいますが、異性をこわがらない同性愛者も多くいます。これは、異性をこわがる異性愛者もいれば、異性をこわがらない異性愛者もいるのと同様です。

⑨すべてのゲイはオネエ言葉で話す

答え：×

ゲイでオネエ言葉を使う人がいますが、すべてのゲイがオネエ言葉を使うわけではありません。また、ゲイ

でない人でオネエ言葉を使う人もいます。

⑩すべての LGBT は物心ついたときからその自覚をもっている

答え：×

自分のセクシュアリティに気づく年齢には個人差があります。就学前や小学校入学の頃から自覚する人もいれば、成人してから、結婚や出産、定年などを契機に気づく人もいます。

⑪同性愛を犯罪と考えている国はない

答え：×

世界には同性愛であることが罪になる国があり、中には死刑判決が下る国も存在します。

⑫LGBT にはおもしろい人や美的センスが高い人が多い

答え：×

セクシュアリティが何か生得的能力や性質、芸術的な素質に関係があるかどうかはわかっていません。LGBT である・ないにかかわらず、人によって得手不得手はさまざまです。

⑬すべてのゲイは女っぽく、レズビアンは男っぽい

答え：×

セクシュアリティは見た目だけではわかりません。「女性らしさ」とされる要素を多くもつゲイ / レズビアンもいれば、「男性らしさ」とされる要素を多くもつゲイ / レズビアンもいます。同じセクシュアリティでもさまざまな個人差があります。

⑭性同一性障害の人はみんな、性別適合手術を希望している

答え：×

性別適合手術とは〈自認する性〉に〈からだの性〉を近づけるため、内外性器に行なう手術です（117 ページ参照）。性同一性障害と診断される人の中でも、性別適

合手術を望むか、できる環境にあるか、どのような生き方を選択するかは人それぞれです。

⑮すべての同性カップルに男役と女役がある

答え：×

男性同士・女性同士のカップルのばあい、そのうちのどちらかが男性の、どちらかが女性の役割を果たすと考えられがちですが、パートナー間での役割が二分されるとはかぎりません。

⑯HIV はゲイだけが感染する

答え：×

性行為による感染に限っても、異性間や男性同性間、女性同性間の性的接触による HIV 感染があります。定期的に HIV 検査を受けること、性行為の際はコンドームを使用するなどのセーファーセックスを心がけることなどが重要です。

⑰LGBT は家族をもてない

答え：×

同性婚やパートナーシップ法などが認められている国があります（118 ページ参照）。アメリカの調査機関 The Williams Institute が 2013 年に行なったアンケートでは、600 万人が「同性愛者の親をもっている」と回答しています。

現在の日本では同性間の婚姻は認められていませんが、結婚式を挙げたり、共に生活したりする LGBT カップルはすくなくありません。2019 年 3 月現在、全国 11 自治体でパートナーシップ制度が整備されています（119 ページ参照）。一緒に子育てをしている LGBT ファミリーもいます（72 〜 73 ページ参照）。家族の形は多様で、世界的にみると男女の組み合わせや、法的な婚姻でのみ形づくられるものではないのです。

つまり、すべての答えが×です！

5 男らしさ？　女らしさ？

性別によって期待される役割や振る舞い、従うべきとされている行動の規範は、とても曖昧な「男らしさ・女らしさ」によってつくられていることが多いのです。性別にとらわれた「らしさ」よりも、その人らしさを尊重することが、多様性をもった社会にしていくうえで重要なのではないでしょうか。

●男らしい・女らしい要素

つぎの表は一般にいわれる「らしさ」の要素です。それぞれの要素をもっているあなたの知っている子どもを思い浮かべてください。「女の子らしい」とされる要素にあてはまる子どもは、女の子だけでしょうか？　「男の子らしい」とされる要素にあてはまる子どもは男の子だけでしょうか？

実際には「男の子らしい」とされる要素をもつ女の子、「女の子らしい」とされる要素をもつ男の子がいるように、1人の中にさまざまな要素が併存していて、それが個性になっています。でも、「女の子らしい」要素をもつ男の子や「男の子らしい」要素をもつ女の子が、笑いやいじめの対象、指導の対象になることがあります。「男の子らしく・女の子らしく」ということの強制は「その子らしさ」を抑圧することにつながりかねません。

「女の子らしい」とされる要素	「男の子らしい」とされる要素
・おしとやか	・わんぱく
・かわいいものが好き	・かっこいいものが好き
・赤やピンクが好き	・青や緑が好き
・おままごとが好き	・戦隊ものが好き
・料理や裁縫が得意	・工作やスポーツが得意
・スカートをはいている	・ズボンをはいている
・リボンを着ける	・ネクタイを着ける
・将来の夢はお花屋さん	・将来の夢はパイロット
・涙もろい	・めったに泣かない
・ていねいな言葉づかいをする	・乱暴な言葉づかいをする
・髪が長い	・髪が短い
・か弱い	・力持ち
・声がか細い	・声が大きい

・サポートをするのがじょうず
・おしゃべり好き
・ごはんは控えめ

・リーダーシップをとるのがじょうず
・かもく
・大盛りごはん

●男らしさ・女らしさよりも自分らしさ

「男の子は男の子らしく」「女の子は女の子らしく」することがあたりまえとされていますが、あたりまえは1つではありません。多様な性を前提にしない考え方は、LGBTでない子どもたちにとっても自分らしさを表現しづらくなることにつながりかねません。多様性が認められる社会は、文化的にも豊かさを増していきます。

人によってあたりまえは異なることを認識し、他者に自分のあたりまえを押しつけたりせず、他者を尊重する姿勢が重要です。

考えてみよう

①左ページの表のうち、あなた自身にあてはまる要素をあげてみましょう。

②左ページの表のうち、身近にいる子どもにあてはまる要素をあげてみましょう。

LGBT学生たちの声

●セーラームーンの下敷きを使いたかった……

幼稚園の頃はセーラームーンごっことかしていた。小学校に入ってからもセーラームーンの下敷きとか使いたかったんだけど、(性別を)意識しだしてからは抑え込むようになった。【M.G・21歳・便宜上はゲイ】

●セクシュアリティに気づく時期は人それぞれ

小学校の頃から男の子が好きだったけど、その気持ちを「恋心」だとは中学・高校のときも気づいていなかった。「男は女を好きになるもの」って考えを強くもっていたからかもしれない。大学の入学式前くらいの時期に、「自分って同性愛者なのかな?」って思いはじめた。【スバル・22歳・男性同性愛者】

●セクシュアリティは目に見えない

かわいい服とかは着てるけど、自分のことをあんまり女だとは思ってなくて。Xジェンダーって認識です。いわゆる女の子扱いみたいなものにはなんだか違和感があります。【R・19歳・FtX】

●セクシュアリティを決めなくってもいい

大学に入学してLGBTの学生の当事者サークルに入って一番良かったと感じたことは、"セクシュアリティのはっきりしない人もたくさんいる"って実感できたこと。自分がレズビアンなのかバイセクシュアルなのかわからないことが、中高時代すごくストレスで。いろんなセクシュアリティの人と話せる環境で、揺らいでても、はっきり決めなくてもいいんだって安心できたことは自分にとって大きかった。【倫子・19歳・レズビアン寄りのバイセクシュアル】

●移り変わるセクシュアリティ

「女の子」しか好きになったことがなかったから、ヘテロセクシュアルだと思っていましたが、大学入学後「男性」に惹かれバイセクシュアルなのかな？と思いはじめ、その後さまざまなセクシュアリティの人が恋愛対象になることに気づき、いまはパンセクシュアルだと自認しています。でも、これからもセクシュアリティや自認は移り変わっていくのだとおもう。【やっくん・23歳・トランスジェンダー男性パンセクシュアル】

●大事なことは「その子らしさ」

「男女で分けるのが差別だ！」なんて思わない。それはそれで必要なところは残しておけばいいと思う。そのうえでそれぞれの個性を大事にすればいいんじゃないかなって。「私は、男子の中に入りたい」って子どもがいたら、「あなたは女の子なんだから女子の方に行きなさい」っていう対応は間違ってもしないでほしい。先生の中では女の子だと思っている子どもでも、自認は男の子かもしれないし、その子らしさを尊重してあげられたらいいと思う。【ちぃ・23歳・ポリセクシュアル*】

＊ポリセクシュアル（多性愛）：複数のジェンダー／セクシュアリティが恋愛対象となる人のことです。すべてのセクシュアリティが対象となるパンセクシュアルとは異なります。

6 無意識なジェンダーやセクシュアリティの押しつけ

戸籍上の性別やからだの性別、見た目の性別などで目の前の子どもを男女どちらかに疑問なく分類してしまうことはありませんか？ しかし、セクシュアリティは第三者が決められることではありません。目の前にいる子どもが自分のことをどのようなセクシュアリティだと思っているか外見からだけではわからないのです。また、みんなが異性を好きになるわけでもなければ、みんなが恋愛をするわけでもありません。

●セクシュアリティって見た目でわかるの？

ゲイというと女性的な男性を思い浮かべたり、レズビアンというと男性的な女性を思い浮かべたりするかもしれません。もちろんこれにあてはまる人もいるかもしれませんが、あてはまらない人もたくさんいます。セクシュアリティは外見や行動からわかる、と思われがちですが、その人の思っているセクシュアリティは見た目だけではだれにも判断できません。

●「男の子」「女の子」を前提としていること

いろいろなことが男性・女性で分かれており、それが前提となっています。呼びかけるとき、注意するとき、ほめるときなど、性別を前提とした言葉をかけることがすくなくありません。

たとえば、「女の子なのにあぐらをかかない！」「○○は活発で男らしいな」「教壇をはこぶから男子集合！」など。LGBTの子どもたちにとって、性別を男性・女性の2つに分けることや「男の子は男らしく」「女の子は女らしく」という性規範に基づいた声かけが居づらさの原因になることもすくなくありません。もちものや体育の授業など、男性・女性で分かれることが前提となっていることに違和感をもつ子どももいます。

● LGBTがいないものとされること

「男の子は男らしく」「女の子は女らしく」という性規範や「男性は女性を、女性は男性を好きになる」という異性愛を前提とした考え方を押しつけることで、そこにあてはまらないことが「ふつうでない」という思いが生まれやすいです。LGBTでない子どもたちにとっては偏見を抱くきっかけになりかねませんし、LGBTの子どもたちにとっては自己嫌悪・疎外感を感じる原因になります。

考えてみよう

男女を前提としない注意の仕方/ほめ方にはどのような表現があるでしょうか？

「女の子なんだからケンカなんてしちゃだめでしょう」 ➡

「繊細な色使いが女性らしいですね」 ➡

「泣かないのエライね。男の子だもんね」 ➡

ジェンダーやセクシュアリティを押しつけないためにできること

・目の前にいる子どもの性別やセクシュアリティを決めつけない。
・性別によって行動規範を規定せず、その子らしさを尊重する。
・男女で分けなくても表現ができるときは、男女で分けない表現をする。

LGBT学生たちの声

●ステレオタイプへの違和感
「女の人が好き」と言うと、だから男装が好きなの？ とか、男の人が嫌いなの？ と聞かれるけれど、全然そんなことはなくて。それぞれ独立した要素が、たまたま私の中に同居しているだけなんです。【羽塚・22歳・レズビアン】

●「らしさ」を押しつけないで
大学1年生のときは「自分は女なんだから女らしくしなきゃ」って髪を伸ばしたり、女の子らしい格好をよくして……。でもそうすると男の先輩が女である自分に対してちやほやしてくれることが、逆に窮屈になって。そう扱ってもらうことに対してさらに「女の子らしくしなくちゃ」って……。本来の自分を出せばよかったのに、周りの圧力というより、自分の思い込みで自分を追いつめていた。いままでボーイッシュだったけど、社会に出たら女らしくしないとおかしいのかなって思っていたから、女らしくっていうのがストレスになっていた。教育の場では「女の子」とか「男の子」とか「もしかしたらこの子はFtMなのかな」とかいう概念でもなく、その子ども自身として見てほしい。
【いくみ・22歳・男でもないけど女でもない】

●無条件で男女に分けられる
小学校に入学してから、男女別で分かれるんだ、って意識した。暗黙の了解でランドセルの色がちがったり、男子、女子別々で呼ばれることが増えたり、名簿が男女で分かれたり、もちものの色がちがったり。男女で二分されることが刷り込まれていった。【アイコ・22歳・レズビアン】

●なんでも男女に分けるのはなんでかなあ……
男女で分けるっていう概念が先行してしまって、その人の個性とか人柄とかの考慮をあまりしない印象。席順でもなんでも男女で分ける傾向が強かったことに対していつも疑問をもっていた。遠足の班も男女の人数配分を半々にしたりとか。なんでもかんでも男女に分けなくてもいいし、混合でもいいと思う。【あんでぃ・23歳・ゲイ】

●女子はでしゃばるなという指導
私の中学は女子が強くて「女子がでしゃばりすぎだ」とよく注意されていた。学校に広がる「女子は引っ込んでろ」みたいなのが社会の構図なのかなあって。女子はでしゃばらないでうまくおしとやかにしてないといけないと思っていた。【ろっこ・23歳・レズビアン】

●いやだったのは「男子だけ」という暗黙の了解
小学校のとき、クラスの子の靴がなくなって、雨が降っている中「男子だけ探しておいで」と先生に言われた。そのときに自分がすごくいやな態度をとったのを覚えている。「男子だから雨に濡れてもいい」という暗黙な感じがいやだったんだと思う。しかし自分がいやな態度をとったからか、「靴隠したのおまえじゃないか？」と言われて心外だった。【スバル・22歳・男性同性愛者】

●女の子らしさ・男の子らしさとは別のところ

小さい頃から姉がいるので一緒に人形遊びやおままごとをよくしていた。小学校のときの親友も女の子。2人ともからだを動かすのが好きだから、昼休みはドッジボールをやっていた。でも小学4年のある日、先生がその女の子に「もっと女の子らしい遊びをしなさい」って怒っていた。先生が冷たくしているのを見て「僕も女の子と接することが多いけど、だめなのかなあ……」って思った。いわゆる男の子っぽい活発な女の子だった。女の子らしさ、男の子らしさとちがうところに2人はいるんだと、感じていたんだけど。【白石朋也・21歳・ゲイ】

●最初に感じたジェンダーバイアス

幼稚園のときに男の子たちとゴーレンジャーごっこをしていた。じゃんけんで負けて、基地の見張り役をしていたんだけど、先生に「奏ちゃんはなんの役なんだろう？　お母さんかな？」って聞かれて。「ゴーレンジャーのお母さんじゃない！　基地の見張りだ！」って思った。最初に感じたジェンダーバイアス。男の子の中に女の子いたらお母さん役、みたいな。【奏・21歳・FtX】

●授業で教えられたのは……

授業で「思春期は異性に興味をもちはじめる」と教えられたが、当時セクシュアルマイノリティだと自認していたため、「あれ？」って思った。【椎名・20歳・シスヘテロではない】

●養護教諭の先生からの言葉

中学のとき、生理痛が歩けなくなるくらい重かったから、養護教諭に相談した。そしたら、「子どもを産むっていう大きな使命があるから、からだが機能しているということは喜ばしいこと。我慢するしかないよ」と言われて、「子どもを産むことが前提なのか……」と思った。第二次性徴がいやでいやで仕方なかったこと、性別違和があることは決して言えなかった。【瑛真・21歳・FtX パンセクシュアル】

●異性愛を「当然のこと」としないで

異性愛を「当然のこと」としないでもらえるとうれしい。多分、同性愛に対してネガティブに言わないってことはできると思うけど、異性愛が"ふつう"ってなりがちだと思う。そういうのが子どもたちの中でたまっていくと、「ああ、自分は"ふつう"じゃないんだな」って思い込んでしまう。話の端々にあるから、そういうのって。【たこ・21歳・バイセクシュアル】

●男女の境界をもっとゆるくしてもいいのではと思う

指示出す基準が男女になるばあいが多いから、そうじゃなくて「力持ちの子は」とか「出席番号奇数の人」とか。「男女ペア」ばかりが続くと、「男女ってなんか特別な区別だ」と認識させてしまうから。【ハル・23歳・ゲイ】

7 性別で分かれていることって なんだろう?

日常生活において性別で分けられる場面はたくさんあります。とくにトランスジェンダーの子どものばあい、「男性・女性」で分けられるたびに、〈自認する性〉とは異なる性をあてはめられることに居づらさを覚えることもすくなくありません。もちろん、男性・女性で分けることが必要な場面もありますが、日常的に分けられている場面の中でそれは本当に必要なのか、考えてみましょう。

◉ 〈からだの性〉 で分けられている場所

・トイレ

・修学旅行の部屋

・更衣室

・寮

・お風呂

・

・健康診断

・

◉ 〈からだの性〉 で使うものに区別があるもの

・制服

・おもちゃ

・体育着

・習字道具や絵の具セットなどの色

・ランドセルの色やデザイン

・

・通学帽の形

・

・食器

・

・文房具

・

◉ 〈からだの性〉 で参加できるものが区別されていること

・体育の選択科目

・

・クラブ活動 / 部活

・

・運動会、体育祭、球技大会の種目や演目

・

・文化祭・学芸会の演目や配役

・

◉ 〈からだの性〉によって役割や人数が決まっていること

・委員会の役職	・合唱
・生徒会の役職	・朗読
・クラスの係	・卒業式の台詞
・日直	・
・応援団	・
・班の構成	・

◉ 〈からだの性〉によって分けられていること

・名簿	・
・席順	・
・整列	・
・さん／くん付け	・

◉ 〈からだの性〉によって求められることがちがうこと

・服装	・進路
・髪型	・職業
・座り方、話し方などの振る舞い方	・マナー
・友だちなどの人間関係	・
・遊びの選択	・
・話題の選択	・

●男性・女性を確認されること

・さまざまな書類にある性別記入欄

・図書館の貸し出しカード

・児童館の入館証

・保険証

・入試の願書

・就職活動の履歴書やエントリーシート

・

・

・

考えてみよう

①学校ではどのようなことが性別で分けられていますか?

②その中で、性別以外の分け方で対応できるものはありますか?

③では、どのように分けたらいいでしょうか?

8 みんなが使いやすいトイレって？

「学校ではトイレに行けない」という子どもがいます。LGBT の子どもたちでなくても、性器を見られるのがいやだとか、個室に入るとはやし立てられるなど、さまざまな理由でトイレに行きづらい子どもたちがいます。

●トイレが男性・女性で分かれている

とくにトランスジェンダーの子どもにとっては、「〈自認する性〉は女の子なのに、男の子（と一緒）のトイレに行かないといけない」「〈自認する性〉は男の子なのに、女の子（と一緒）のトイレに行かないといけない」と苦痛に感じることがあります。

●他の人に見られる

LGBT の子どもたちの中には〈からだの性〉は同じであっても、他の人に自分のからだを見られることを苦痛に感じる子どもがいます。また、他の人のからだが目に入ってしまうことに罪悪感を感じたり、「見ているのではないか」と誤解されることへの恐怖感を抱く子どももいます。また、LGBT の子どもたちにかぎらず、男性のトイレが個室に分かれていないことに、使いづらさを感じる子どもがいます。

●大人の目が届きづらい

LGBT の子どもたちにかぎらず、学校のトイレは大人の目が届きづらいため、いじめが起こりやすい場所でもあります。

みんなが使いやすいトイレのためにできること

・給食の準備時間など、みんなと時間をずらしてトイレに行ってよいことにする。
・体調不良のばあいなどは、教職員用のトイレを使ってよいことにする。
・既存のトイレのうちの１つを「だれでもトイレ*」にして、特定の子どものみでなくどの子どもも使ってよいことにする。
・新たに「だれでもトイレ」を設置する。
・トイレに困っていることを相談できない子どももいるので、相談があった子どもだけでなく、だれにでも同じ対応をし、相談しやすいように声かけをする。
・すでに上記のような対応をとっていたり、個別での対応ができるばあいは、相談しやすいように、全員に知らせる。
　＊車いすやオストメイトを使用する方なども使用しやすい、ユニバーサルデザインを取り入れたあらゆる人に快適なトイレです。

LGBT学生たちの声

●みんなとトイレに入れないの！
小学生の頃、周りの男の子たちとトイレで立って用をたすのに抵抗があった。できるだけ個室を使っていたのだけれど、学校で個室を使うと「うんこしてる」ってからかわれるから、給食の時間などみんなが教室で準備してる隙に体育館やプールにある人気のないトイレを使っていた。修学旅行や遠足でのトイレ休憩はオシッコは我慢！ すでに女の子っぽいキャラっていうのが定着していて、そういう子が立ってトイレしていると余計に注目を浴びるので、遠慮していました。
【さち子・22歳・戸籍変更済み MtF】

●みんなが入りやすいトイレって？
女子トイレにいることが耐えられなかった。実験室の校舎とか人がすくないトイレの場所を把握して使っていた。トイレは分かれているのがいやだとか、分かれていないといやだとかいろんな人がいる。3つつくればいいってわけでもないし。男女で分かれているトイレと、だれでもトイレの両方あるのがいいのかもね。【Y.N・22歳・FtM アセクシュアル】

●男子トイレで、個室に入るハードルの高さ
男子便所も全部個室にしたらいいのに。性同一性障害の人はもちろん、小学校のときに学校で大便するハードルの高さが異様だったから。あと、好きな子とトイレ入って隣に並ぶとすごい緊張するのがいやだった。完全個室にしてどっちに入ったかわからないっていうトイレが理想だけど、多目的トイレをだれでも使えるようにするとかで代用してほしい。【M.N・22歳・バイセクシュアル】

●「だれでもトイレ」の設置
大学にジェンダー研究機関があって、そこが大学と話し合って「だれでもトイレ」を学校に多く設置している。【にこ・22歳・パンセクシュアル】

9 みんなが楽しい体育・プールって？

運動や水泳が好きだったとしても、「体育がユウウツだなあ……」と思うLGBTの子どもたちは多くいます。着替えや服装、種目などの男性・女性分けが多いことなどが原因になっています。

●着替えのときに困ること

着替える場所が男性・女性で分かれていても、男性・女性の中では分かれていません。とくにトランスジェンダーの子どもは〈自認する性〉とは異なる場所で着替えることを苦痛に感じることがあります。

LGBTの子どもたちにとっては他の人にからだを見られることを苦痛に感じたり、他の人のからだが目に入ってしまうことへの罪悪感や、「見ているのではないか」と誤解をされることへの恐怖感をもつこともあります。

●水着や体操着になる

とくにトランスジェンダーの子どもにとっては、「〈自認する性〉は女の子なのに、男の子の水着／体操着を着ないといけない」「〈自認する性〉は男の子なのに、女の子の水着／体操着を着ないといけない」ことに苦痛を感じることもあります。水着のばあいはとくに身体露出が高いため、LGBTの子どもたちにかぎらず不安に感じる子どももいます。

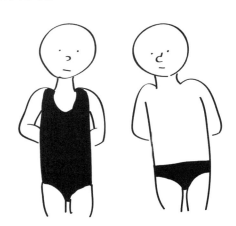

●〈からだの性〉によって授業や種目が分かれる

とくにトランスジェンダーの子どもにとっては、「〈自認する性〉は女の子なのに、男の子に分けられ体育の授業を受けないといけない」「〈自認する性〉は男の子なのに、女の子に分けられ体育の授業を受けないといけない」と苦痛を感じることがあります。

LGBTの子どもたちにかぎらず、女の子だから、男の子だからという理由によって、体育の授業で自分のやりたい種目を選択できなかったり、特定の部活動に入れないことがあります。

◉からだの接触が多い

　LGBT の子どもたちにかぎらず、同性同士であっても、からだの接触を不快に感じる子どもがいます。他人に触れられて不快と感じる範囲は人によってちがいます。

みんなが楽しい体育・プールのためにできること

・「同性同士」であってもからだを見る／見られることや、身体接触を不安に思う子どもがいることを理解する。
・トイレで着替えてもよいことにする。
・種目を男性・女性で分けない。
・学校指定の水着の中に身体露出がすくないものを入れ、選択できるようにする。
・体育着やジャージを男性・女性で区別しない。

【相談があったばあい】
・保健室や個室で着替えてよいことにする。
・希望する性別で体育の授業を受けられるようにする。
・ラッシュガードなど露出のすくない水着の着用を許可する。
・どうしても参加できないばあいは、別の課題を課すなどの代案を一緒に考える。

LGBT学生たちの声

●運動は好きだけど、体育は嫌い

体育がいやだった。運動は好きなんだけど、男子とだけやることがいやだった。女子とも一緒にやっていたら体育大好きだったんだと思うんだけど。【M.G・21歳・便宜上はゲイ】

●仕方なく男子と一緒にサッカーを……

中学のとき、体育でサッカーとバレーボールが選択制だったんだけど、実質的には、ほとんど男子がサッカーで、女子がバレーボールだった。自分は本当はバレーボールがよかったけど、仕方なくサッカーをやってた。【かずき・21歳・ゲイ】

●胸を露出することへの抵抗……

小学校2、3年生の頃からプールの授業は露出することに抵抗があり、ほとんど参加していなかった。なので、いまの年齢になっても泳げません。しかし、周囲から授業に参加しないことをとやかく言われることはあまりありませんでした。【さち子・22歳・戸籍変更済みMtF】

●水着になるのがいやで仕方なかった……

水泳は特別嫌いだった。高校になってからは水着になること自体がいやでたまらなくて、3年間1回も入らなかった。先生は「内申書にひびくよ」と心配されていた。自分が恋愛対象と意識している人（＝男子）たちに自分の裸を見られるのがいやだった。相手はなにも気にしていなかっただろうけど。【スバル・22歳・男性同性愛者】

●プールの時間、水着のタイプを選べた

女子校だったのですが、学校指定の水着の中にセパレートのものがあったのがうれしかった。【奏・21歳・FtX】

●自分は女子なんだな、と実感して

小5のとき、マラソン大会の練習のときにタイムが伸びなくなってきたら「男子とくらべちゃだめなんだよ」って先生に言われてショックだった。それまで地域では男女混合でも自分が走るのがトップクラスだったんだけど、これからは「女子」ってくくりの中でしか戦えないのかなって。全体のトップには立てないんだなあって。体力テストの基準値がどんどん離れていくのが「何だこれ」って思っていた。女子換算だと市から表彰されるレベルだけど、男子換算だとふつう。でもしょうがないから受け入れるしかない。【Y.N・22歳・FtMアセクシュアル】

10 みんなが受けやすい 健康診断って？

　身体露出が多い健康診断を、不安に思う子どももいます。LGBTの子どもたち以外にも、からだに手術などの痕がある子ども、体型など身体的特徴を受け入れられていない子どもなど、同性であっても他の人にからだを見られることをいやだと感じる子どももいます。

●からだの性で分けられる

　健康診断を受ける際、〈からだの性〉により男性・女性では分けられますが、男性・女性の中では分かれていません。LGBTの子どもたちにとっては他の人にからだを見られることを苦痛に感じたり、同性のからだが目に入ってしまうことへの罪悪感や、「見ているのではないか」と誤解されることへの恐怖感をもつこともあります。

●「からだを見られたくない」と思う相手や範囲は人それぞれ

　年齢によっては、学校の健康診断や身体測定が男女一緒に行なわれることがあります。その際、女の子は、男の子に上半身を見られないような配慮が行なわれますが、男の子のばあい、女の子に上半身を見られないような配慮が行なわれていないことも多いのです。

　また、異性にかぎらず同性にもからだを見られることに恥ずかしさや違和感をもつ子どもがいます。他の人にからだを見られたくないと思う気持ちに、性別の差はありません。その気持ちを尊重することは子どもの人権を守ることです。

みんなが受けやすい、健康診断のためにできること

- ・「同性同士」であってもからだを見る/見られることを不安に思う子どもがいることを理解する。
- ・男の子だったら女の子に上半身を見られても気にしない、というわけではないことを理解する。
- ・上半身が裸になる時間をできるだけ短くするように工夫する。
- ・上半身が裸になる診察は、パーテーションで区切ったり個室にするなどの配慮をする。

【相談を受けたばあい】
- ・みんなと一緒に健診を受けることに不安をもつ子どもには別時間で対応する。
- ・別の医療機関で受診することを許可する。

LGBT学生たちの声

●相談することをあきらめてた……
健康診断の個別対応が要求できると思ってなかったし、全般的にあきらめてたんだよね。学校に期待してなかった。そんな元気も本当になかったからさ。どんなことに困っているか詳細には言わないというより、言えなかったんだよね。【光・21歳・FtM】

●裸を見られたくなかった……
保健室に男子全員が入れられて、上半身裸で待っていないといけないのがいやだった。自分が「男性」として意識している人たちに裸を見られたくないという思いがあったんだと思う。先生に「一番最後にしてほしい」といったら「なんでやねん、おまえ乳首が3つあるわけでもないのに」と言われ、他の先生たちにも冷笑された。保健室に入ってから脱ぐという話だったのに、「廊下で脱げ」と言われ、穴があったら入りたかったのをめちゃめちゃ覚えている。【スバル・22歳・男性同性愛者】

●ひそひそ話をされる健康診断が苦痛で……
大学の保健課に「性同一性障害のため、個別対応をしてもらえますか？」と電話したら、ふたつ返事で「別日で対応します」と言ってくれてうれしかった。それまでは女性の列に混じって並んでいる間、ひそひそ話をされるのがいやで健康診断を受けられず、健康診断書の提出が必要な授業や大学施設が利用できなかったので、ほんとによかった。【やっくん・23歳・トランスジェンダー男性 パンセクシュアル】

11 みんなが楽しい宿泊行事って？

　修学旅行などの宿泊行事は学校生活の中でも大きな行事の1つですが、参加を不安に思ったり、いい思い出にならないLGBTの子どもたちもすくなくありません。お風呂や部屋割りなど性別で分かれる機会が多いこと、またお風呂などでからだを露出する機会があることが原因になっています。LGBTの子どもたちだけでなく、からだに手術などの痕がある子ども、体型など身体的特徴を受け入れられていない子どもなど、他の人にからだを見られることがいやだと感じる子どもにとっても負担になります。

●お風呂で困ること

　大浴場は男性・女性では分かれていますが、男性・女性の中では分かれていません。LGBTの子どもたちの中には〈からだの性〉は同じであっても、他の人に自分のからだを見られることを苦痛に感じる子どもがいます。また、他の人のからだが目に入ってしまうことに罪悪感を感じたり、「見ているのではないか」と誤解されることへの恐怖感を抱く子どももいます。

●部屋割りで困ること

　宿泊施設は男性・女性では分かれていますが、男性・女性の中では分かれていません。トランスジェンダーの子どもにとっては「〈自認する性〉は女の子なのに、男の子と同じ部屋にならなければならない」「〈自認する性〉は男の子なのに、女の子と同じ部屋にならなければならない」と苦痛を感じやすいです。また、LGBTの子どもたちにとっては、恋愛対象となりうる人と同じ部屋であることに違和感や不安感を感じることもあります。

　また、子どもたちだけで同じ部屋で過ごすいつもとちがう空間ですから、恋バナが始まりがちです。LGBTの子どもたちは、自分に話を振られた際にはつくり話をしないといけないことが多く、居心地の悪さを感じる子どももすくなくありません。ばあいによっては、いじめが起こりやすい空間にもなります。

みんなが楽しい宿泊行事のためにできること

【お風呂】
・「みんなでお風呂に入りたくない人は先生に相談してね」と声かけをする。
・希望者は時間をずらし１人で入れるようにする。
・希望者には先生の部屋のシャワーなど個室シャワーの使用を許可する（生理中の子どもと同じように対応する）。
・全部屋に個室シャワーがついている宿泊施設を利用する。
・短期の宿泊行事であれば、希望者はお風呂に入らなくてもよいことにする。

【部屋割り】
・相談があったばあい、先生の部屋や救護室に泊まったり、個室の使用を許可する。
・相談があったばあい、事前にだれとだったら安心して泊まれるか聞く。

寮でも同じことが……

　　お風呂や部屋割りが理由で安心して寮で生活できない LGBT の子どもがすくなくありません。寮生活は毎日続くことですから、お風呂や部屋割りは重大な問題です。

【LGBT の子どもたちが安心して過ごせる寮のためにできること】

・大浴場とは別に、個室シャワーを用意する。
・個室を用意する。
・男性・女性問わず入居できる寮をつくる（ジェンダーニュートラルハウジング＊）。
・LGBT の子どもたちも安心して入居できることを明示する。
・寮の管理者、寮長、入居者などにも LGBT についての講習をする。

　＊性別による部屋分けではなく、当人同士の合意で部屋を決められる寮のことです。アメリカなどで取り組まれています。国内でも国際基督教大学が個別のシャワーブースや性別不問の寮の導入に取り組んでいます。

LGBT学生たちの声

●ふつうではないことへの恐怖……
小学校の修学旅行でのお風呂は仮病を使って入らなかった。それにすごく罪悪感を感じた。しかし中学校の修学旅行のとき、小学生の頃の所行が内申書に書かれていたのか、修学旅行の1週間前に担任の先生に呼び出されて「周りの男子と一緒にお風呂に入ることに抵抗があるなら、1人で入ってもいいし、個別のお風呂を使ってもいいよ」と言われた。しかし、「ふつうの子ではない」と思われることに恐怖心があった当時の私は「周りの男子と一緒にお風呂に入ること」を選択した。
【さち子・22歳：戸籍変更済みMtF】

●突然、下ネタを言われショック……
中学の頃、周りの男の子とのあいだに距離ができはじめた。思春期で、「男の子」と思っていた人たちを「男性」と意識しだしたのかも。また、みんないきなり下ネタを言いだしたのがショックだった。当時、下ネタで身体症状が出るくらい無理だったので、中学1年の一泊移動のときは、同じ部屋の男子が話す下ネタをいかに耳に入れないかに必死だった。どうしても部屋に居られなくなって廊下に出ていたりしていた。【スバル・22歳・男性同性愛者】

●寮では、お風呂もみんな一緒
学校の女子寮に入っていた。お風呂も大浴場でみんなで入るので、人生でもっともつらい期間だった。自分が相手のからだを見るのも申し訳ないし、自分のからだを見られるのも吐きたいくらいにいやだった。【るい・21歳・FtM】

●寮で安心して暮らすために
寮でばれたらもうそこで安心して生活できない。生活圏で、お風呂とか、部屋も一緒だったりするから、学校とはまたちがった空間。もしばれてしまって相手から「え、襲わないでね」みたいに言われたり、言われなくてもそういう疑念を抱いているんじゃないかって思っちゃう時点で、居づらくなる。また、トランスジェンダーの子はカミングアウトしたら入居できなくなる懸念もあるし。寮長さんがきちんとLGBTの知識をもって「相談したいことがあったら個々に相談してください」と、寮内外でLGBTの子どもをサポートできるようになってほしい。【ろっこ・23歳・レズビアン】

12 みんなが楽しい学校行事って？

楽しいはずの学校行事が、LGBTの子どもたちにとってはつらいことがあります。学校では性別で役割が決まっていることも多いからです。

●運動会・体育祭・球技大会

①男性・女性で種目がちがうこと

LGBTの子どもたちにかぎらず、「自分は組体操がしたいのに、女の子だからという理由で参加できない」ということがあります。とくにトランスジェンダーの子どもにとっては、「〈自認する性〉は女の子なのに、男の子の競技に参加しないといけない」「〈自認する性〉は男の子なのに、女の子の競技に参加しないといけない」ことを苦痛に感じることがあります。

②着替えること

着替えの場所が男性・女性で分かれていますが、男性・女性の中では分かれていません。LGBTの子どもにとっては、他の人にからだを見られることを苦痛に感じたり、他の人のからだが目に入ってしまうことへの罪悪感や、「見ているのではないか」と誤解されることへの恐怖感をもつこともあります。

③体操着になること

とくにトランスジェンダーの子どもにとっては、「〈自認する性〉は女の子なのに、男の子の体操着を着ないといけない」「〈自認する性〉は男の子なのに、女の子の体操着を着ないといけない」ことを苦痛に感じることもあります。

④からだの接触が多いこと

LGBTの子どもたちにかぎらず、同性同士であっても、からだの接触を不快と感じる子どもがいます。他人に触れられて不快と感じる範囲は人によってちがいます。

◉合唱コンクール

〈からだの性〉によってパートが分かれることがあります。とくにトランスジェンダーの子どもにとっては、「〈自認する性〉は女の子なのに、テノールを歌わなければならない」「〈自認する性〉は男の子なのに、ソプラノを歌わなければならない」ことを苦痛に感じることもあります。

◉お遊戯会・学芸会・文化祭

①〈からだの性〉によってできる役が分かれていることがあります。
②男性・女性が分かれていない役でも、衣装が分かれていることがあります。
③トランスジェンダーの子どもにとっては、「〈自認する性〉は女の子なのに、男の子の役をやらなければならない」「〈自認する性〉は男の子なのに、女の子の役をやらなければならない」ことを苦痛に感じることもあります。

◉卒業式

①〈からだの性〉によって整列や門出の言葉の台詞、合唱のパートが分かれていることがあります。
②トランスジェンダーの子どもにとっては、「〈自認する性〉は女の子なのに、男の子の列に並び、男の子の台詞を言わなければならない」「〈自認する性〉は男の子なのに、女の子の列に並び、女の子の台詞を言わなければならない」ことを苦痛に感じることもあります。
③私服校であっても、卒業式はフォーマルな服装（スーツ、ドレスなど）での参加を求められるばあいがあり、そのことを苦痛に感じることがあります。制服同様、男性・女性で差異があることから、とくにトランスジェンダーの子どもにとっては〈自認する性〉と異なる性別のものを着ることに苦痛を覚える子どもや、どの性別の服を着たらいいのか迷い、参加すらできない子どももいます。

みんなが楽しい学校行事のためにできること

【運動会・体育祭・球技大会】
・男性・女性で種目を分けるのではなく、希望で種目を分ける。
・応援団長などの役割に性別の規定を設けない。
・過度なからだの露出をさせない。

【お遊戯会・学芸会・文化祭】
・性別によってできる役を限定しない。
・性別が断定されにくい役（動物など）を用意する。

【合唱コンクール】
・性別によらず、声が出るパートを歌ってもよいことにする。
・相談があったばあい、希望に沿ったパートで歌ってもよいことにする。

【卒業式】
・学年やクラスで台詞を分けるなど、性別によらない分け方にする。
・自分らしい服装で参加してもよいことにする。
・相談があったばあい、希望する性別の服装をすることを許可する。

LGBT学生たちの声

●体育祭の応援団長がみんな男子なのはなんで？
一番おかしいなって思ったのは、体育祭の委員長とか応援団長を決めるときに、男の子しか出て行かないこと。そういう規定があったわけじゃないけど、体育祭の太鼓は男の子ってのが恒例化していたり。男の子が目立つ構造で、女の子は控えめにしないといけないのかなって感じた。【いくみ・22歳・男でもないけど女でもない】

●女子パートを歌うのはいや！
音楽のパートが男女別になってからは、歌わないで口パクしたり、勝手にテノールを歌うとか反抗し続けていたら、さすがに音楽の先生に注意された。合唱コンでは極力伴奏をやって、歌わなくていいようにしていた。でも、卒業式前に音楽の先生に呼び出されて、「卒業式はテノール歌っていいよ」と言われた。出席番号順でみんな並んでいるのをわざわざ組み替えて、女子の列の一番男子側に立たせてもらい、卒業式ではテノールを歌わせてもらった。うれしかった。【なっさん・23歳・トランスジェンダー男性 ゲイ】

●キラキラのスカートがはきたいのに！
幼稚園の頃、お遊戯会でうさぎ役の衣装にキラキラしているスカートがあり、その衣装を着たくてうさぎ役を希望したことがあった。しかしながら、男の子だからという理由でキラキラのスカートははかせてもらえず、代わりにダボダボなズボンを渡され、それでうさぎ役に臨んだ。抗議してはいけないものと思ったし、渡されたからには着ないといけないんだなと悟った。その頃から自分が置かれている性別に違和感を覚えはじめた。【さち子・22歳・戸籍変更済み MtF】

●男女でくくられた役のイメージ
小学校の学芸会で、酔っぱらいのねずみの役を希望した。台本を読むかぎりではおじさんのイメージだったからか、「女の子なのにこんな役やるの？」と周りから言われた。自分は、単純に面白いキャラクターでやりがいがあると思っていたから、周囲から驚かれて不思議だった。【アイコ・22歳・レズビアン】

●直談判でダンスから劇に
幼稚園のお遊戯会が男子は劇やって女子はダンスで、劇がやりたくて三者面談した。おばあちゃん役とかお姉さん役としては男子じゃなくても入れるんだけど、その役じゃないので入りたいっていう直談判。入れてもらえてうれしかった。子どもの要望に合わせて柔軟に対応してもらえるのはとてもうれしい。しかし、なぜ男女でやることがちがうのかは謎だなと思っていた。中学の体育で男子は武道、女子はダンスというのも納得いかなかった。【Y.N・22歳・FtM アセクシュアル】

●スカートをはかされ、泣いた卒業式
小学校の卒業式になにを着るかで親ともめた。「スカートいやだ」って言い張って、ケンカになった。結局どうしようもなくて、スカートはかされた。これは泣いたなあ。入学式と卒業式以外はずっとズボンだったけど、この2日間だけはスカートだった。【るい・21歳・FtM】

13 みんなが参加しやすいクラブ・部活・委員会って？

とくに運動部では、性別によって選べる種目がちがうばあいがあります。男子部・女子部で分かれていると、選びづらさを感じる子どもがいます。男子部・女子部で分かれていない部活であっても、性別により選びやすさが異なるばあいがあります。

● 〈からだの性〉によって参加できる部、選べる種目がちがう

LGBTの子どもたちにかぎらず、「自分は野球がしたいのに、女の子だから野球部には入れない」ということがあります。また、男子部・女子部がある種目でも、とくにトランスジェンダーの子どもにとっては、「〈自認する性〉は女の子なのに、男の子の部活に参加しないといけない」「〈自認する性〉は男の子なのに、女の子の部活に参加しないといけない」ことを苦痛に感じることもあります。

● 〈からだの性〉によって、選びにくい部活がある

LGBTの子どもたちにかぎらず、「男の子なんだから、文芸部よりもサッカー部に入った方がいい」というように、選択のしやすさが性別によって異なるばあいがあります。

これは「男の子らしさ」「女の子らしさ」の押しつけにもつながります。「その子らしさ」が尊重される選択ができることが重要です。

● 体操着やユニフォームが男性・女性で異なる

とくにトランスジェンダーの子どもにとっては、「〈自認する性〉は女の子なのに、男の子の体操着（ユニフォーム）を着ないといけない」「〈自認する性〉は男の子なのに、女の子の体操着（ユニフォーム）を着ないといけない」ことを苦痛に感じることもあります。また、ユニフォームによっては露出が高く、それを不安に感じる子どももいます。

●着替える場所

着替える場所は男性・女性で分かれていても、男性・女性の中では分かれていません。とくにトランスジェンダーの子どもは〈自認する性〉とは異なる場所で着替えることが苦痛だったり、他の人に自分のからだを見られることを苦痛に感じることも多くあります。LGBTの子どもたちにとっては、他の人のからだが目に入ってしまうことへの罪悪感や、「見ているのではないか」と誤解されることへの恐怖感をもつこともあります。

●男性・女性によって求められる行動規範が異なる

「男子は重いものをもって」など、男性・女性で求められる行動規範が顕著にちがうことがあります。また「生徒会長は男子」といった暗黙の了解の中にも、性別による役割分けがあります。

みんなが参加しやすいクラブ・部活・委員会のためにできること

・性別によって競技や部活の選択に差をつけない。
・性別による役割分担をしない。
・練習用ユニフォームを選択できるようにする。
・性別でクラブ・部活・委員会の役割や人数を限定しない。

【相談を受けたばあい】
・保健室や個室で着替えてよいことにする。
・〈からだの性〉とは異なる性別の部活にも参加できるようにする。

LGBT学生たちの声

●着替えは跳び箱の裏で……

部活でソーラン節をやっていた。部活では「男子役」みたいなのを求められていて、放課後の部活の時間はうれしかった。でも、着替えるときは跳び箱の裏に隠れてだれにも見られないように着替えていた。【瑛真・21歳・FtX パンセクシュアル】

●男子だけスパッツ禁止！

陸上部のユニフォームはズボンがすごく短かったんだけど、大会前に全校生徒の前で応援してもらう激励会のときには、男子だけスパッツをはくなと顧問に言われ、恥ずかしかった。【かずき・21歳・ゲイ】

●「男は重いものを運べ！」

高校でソフトテニス部だった。男らしさ・女らしさを強調されることが多くて、大変だった。先輩から「男は重いもの運べ！ 女に運ばせるな！」みたいな。【M・24歳・MtX ポリセクシュアル】

●男子だけ馬の管理

大学で馬術部に。男子部員が厩舎のうえの部室に泊まって馬の管理をしないといけなかった。馬の管理がいやだったんじゃなくて、男子だけがやらないといけないのに違和感があった。泊まる夜は男子と雑魚寝をしないといけなくて、なんか申し訳ない感じで、寝れなくて1人で居間にあるキッチンのソファで寝ていた。なじめなくて辞めてしまった。【M.G・21歳・便宜上はゲイ】

●女扱いをする先生とけんかして……

女子バスケット部に入ったが、先生に女扱いをされていやだった。ワンハンドシュートをしていたら、「女子なんだから」と両手で打つシュートを強制され、先生とけんかして辞めた。そして男女の区別があまりない陸上部に入部。練習するときはみんな一緒だったから。【K・25歳・FtM】

●ずっと続けたかった野球

小学校のときにずっと野球をやっていたから、中学からも野球をやりたかった。学校に参加できる部活がなくて、あきらめた。女の子の野球リーグもあればいいのに。【奏・21歳・FtM】

●生徒会長に落ちたのは女だったから!?

中学のとき、生徒会長に立候補した。もう1人の立候補者は男性で。結果として落ちたのだけど、そのとき応援してくれていた先生に、「委員長とかは男性が多いから、落ちたのはおまえのせいじゃなくって女だからだよ。気にするな」と言われた。理由は他にもあっただろうに。また、立候補して学校中にポスターが貼られた際に、下の学年から「おとこおんな」と冷やかされた。【K・25歳・FtM】

14 「制服を着たくない！」はただのわがまま？

　制服は、とくにトランスジェンダーの子どもにとって最難関の1つです。「制服を着ないといけないから学校に通えない」と思う子どももいるほどです。
　〈自認する性〉と異なる性別の服を着ることは、自分のセクシュアリティの違和感を意識させられるきっかけになり、また他の人から望まない性別で判断されることで苦痛を感じます。
　制服以外にもランドセルや体操着、もちものの色分けなどすべてに同様のことがいえます。校則に反して髪を伸ばす男の子、何度注意してもジャージで登校する子どもの中にはLGBTの子どもたちもいるかもしれません。校則への反抗ではなく、性別違和などの理由があるかもしれません。

●他の人から性別を一目で判断される

　登下校中などに知らない人からも一目で男性・女性と判断される制服は、とくにトランスジェンダーの子どもにとっては、「〈自認する性〉は女の子なのに、男の子の制服を着ないといけない」「〈自認する性〉は男の子なのに、女の子の制服を着ないといけない」ことが苦痛になることがあります。

●自分自身が性別を意識してしまう

　制服を着るとき、授業中自分の制服の一部が見えたとき、登下校中、帰宅して脱ぐときなど、生活の中で幾度となく自身が男性・女性に分類されていることを意識するきっかけとなります。

　制服を苦痛に感じる子どもにとっては、学校にいるほとんどの時間が苦痛であるため、学校にいること自体が苦痛となりやすいのです。

●制服をきちんと着ないと指導の対象になる

　制服が苦痛な子どもの中には、ジャージで登校をしたり、〈からだの性〉は男の子でも髪を伸ばしたりする子どもがいます。少しでも性別違和を減らしたいという思いからの行動であったとしても、先生から注意を受けます。また、校則に違反していることから、先生との関係が悪化し、内申書に影響が出ることもあります。「制服を着ても、着なくてもつらい。でも先生に相談もできないし。どうしたらいいんだろう」と思う子どもはすくなくありません。

制服で困らないためにできること❗

【注意しても校則に沿った服装をしない子どものばあい】

・「制服をちゃんと着ない理由ってあるの？」など理由をきちんと聞く。

・着たくない理由があるとしたら、一緒に改善できる方法を考える。

・「あなたはトランスジェンダーなの？」など、セクシュアリティを問いただしたり、
　決めつけたりしない。

【制服を着たくないと希望する子どものばあい】

　子どもが求めている解決方法は、一人ひとりで異なるため、まずは本人の要望を聞く。
その要望が実現困難なばあいは、本人の思いに寄り添ったうえで代替案を一緒に考え
てみる。代替案として、つぎのようなものがある。

・ジャージの着用が可能な時間を延ばす。

・ジャージで登校することを許可する。

・女子生徒にもスラックスの制服を導入する。

・〈自認する性〉にあった制服の着用を許可する。

・私服登校を許可する。

ただし、1人だけ服装がちがうことは、学校の中で孤立させてしまうことがあり、他の
生徒へ説明するかどうかも大きな課題となる。他の先生や生徒にも伝えるのか、伝える
ばあいはどのように伝えるのか一緒に考えてみる。

【制服で悩んでいる子どものばあい】

　制服で悩んでいても相談できない子どももいる。

・代替案がある学校でも、子どもは案外知らないことがある。対応が可能なばあいは全
　校生徒に明示する。

・学校説明会や学校ホームページで知らせることで、LGBT の子どもたちも安心して
　入学できる。

【全校での取り組み】

・制服選択性を導入する（121 ページ参照）。

・セーラー服と詰め襟の制服を男女ともブレザーに変える。

・リボンとネクタイをネクタイなどに統一する。

LGBT学生たちの声

●学ランとランドセルはノーサンキュー！
小学校にも制服というものがあって、それは学ランだった。あるとき、下の学年の子に「髪長いのにあの人男なの？」と言われて、本能的に「やばい」と思った。髪が長くても男に見られるのであれば、学ランやランドセルをやめてしまえば良いんだと思った。だから5年生から学ランでの登校をやめて、ジャージでの登校をはじめた。黒いランドセルもやめて、リュックサックで登校。先生にいろいろ言われたが、私は貫いた！！【さち子・22歳・戸籍変更済み MtF】

●制服はセクシュアリティの「象徴」
小学校のときに制服を着なくてすむ方法を必死で考えたけど、あるはずもない。中学入学時は制服姿を鏡で見るのもいや。掃除の時間、下校はジャージになるから俄然元気になった。慣れてからは、学校内はまだしも登下校がいやだった。学内はみんな制服だから平気でいられたけれど、それ以外の場所で着ているのは「象徴」みたいなもんじゃん。高校は下校も制服だったから、学校帰りに友だちと遊ぶようなことは絶対にしなかった。【Y.N・22歳・FtM アセクシュアル】

●女であることを認識させられる瞬間
ジャージからスカートにはき替えるたびに現実に戻るというか「やっぱ自分女なんだよな」みたいな感じがあった。【瑛真・21歳・FtX パンセクシュアル】

●反抗じゃなくて、追いつめられてる……
自分が制服の下にズボンはいていたのは、反抗じゃなくていやだったからなんだけど。そういう校則違反とか、一見反抗にも見える行動とるのって追いつめられているばあいもあるから、頭ごなしに否定されたらつらいよね。女子の制服から男子の制服に変えたときも、先生や学校から周りの生徒への伝達はいっさいなかったから、孤立はしたよね。仲のいい友だちだったら自分からも話せるし、聞いてきてくれるけど、他の人からは異様な目で見られる。【光・21歳・FtM】

●周りとちがうという理由で親が呼び出された
中2のとき、坊主にしていたら「この子は周りとちがう」という理由で親を呼び出されたことがあって、親に迷惑かけるのはいやだなあと思い、無理をして髪を伸ばし、スカートもちゃんとはくようにして、周りに合わせた。【K・25歳・FtM】

15 しっくりくる一人称／呼ばれ方がない！

　私、あたし、僕、俺など日本語にはいろいろな一人称があり、成長過程やときとばあいによってさまざまな人称表現を使い分けています。他称も女の子には「さん／ちゃん」、男の子には「くん」をつけたり、下の名前で呼んだりしますが、中にはその呼ばれ方がしっくりこないなあと感じている子どももいます。人称表現は性別によって分かれていることが多く、とくにトランスジェンダーの子どもにとっては悩みのタネです。

●一人称は男性・女性で分かれている

　とくにトランスジェンダーの子どもは、男性・女性で分かれてしまっている一人称のうち、どれを使っていいかわからないばあいがあります。大人にとって比較的男女の区分がない一人称である「私」も、子どもにとっては女の子の一人称として受け取られてしまいます。

　一人称を決める過程では、自分自身が何を使いたいかと、他者からどう見られるかを総合的に判断しなければなりません。そこにはいつも性別の選択がついて回るため、戸惑いが生じやすいのです。

●揶揄や注意の対象となる

　男性・女性で分かれているという一人称の性質上、〈からだの性〉と一致しないものを使用していたばあい、「男なのに私とか言ってオネエか！」など子ども同士の揶揄の対象となりやすかったり、「女の子なんだから僕って言っちゃだめ」などと先生や周りの大人から注意されたりすることがあります。

●呼び手が性別の判断をする

　とくに性別違和のある子どもにとっては、「さん／ちゃん」「くん」など男性・女性での呼び分けは、呼ばれるたびに自分の性別を意識させられるきっかけとなります。また、呼び手が自分をどの性別で見ているかが周囲にわかることも、苦痛に感じるばあいがあります。

●名前で性別が判断される

 とくにトランスジェンダーの子どもにとっては、「男性らしい」「女性らしい」とされる名前のばあいに名前を好きになれないでいたり、それで呼ばれることを好まないことはすくなくありません。

一人称 / 呼ばれ方に困らないためにできること

【一人称の工夫】
・無理に一人称を変えさせない。「僕・俺」という女の子や、「私」という男の子、あだ名、名前、名字などを一人称として使う子どもがいたばあい、無理に〈からだの性〉と一致した一人称を使うよう、指導しない。
・男性・女性で区別されない一人称があることを伝える。
　たとえば、「うち」など男性・女性に分けずに使えるものがある。また、「私（わたし／わたくし）」は元来、使用者を女性に限定しない一人称なので、そうした一人称の存在を伝えるのも1つの方法。

【呼び方の工夫】
・みんな同じ敬称で呼ぶ（「さん」「くん」など）。
・みんなをあだ名で呼ぶ。
・子ども自身になんと呼ばれたいかをはじめに聞いて、その呼び方やあだ名で呼ぶ。大人や先生が使うことで、他の子どもにも浸透しやすいばあいもある。みんなが自分の呼ばれたい呼び名で生活できるようにする。

LGBT学生たちの声

●「俺」って言うのが恥ずかしい……
小学校に入ると男女で色分けされたり、席分けされるようになった。それぞれが「子ども」だったのが、自分たちが「男の子」「女の子」であることを意識しだした。それまでは一人称を自分の名前で「○○ちゃん」って言っていたんだけど、小学校になるとそれじゃ馬鹿にされる。男子は「俺」って言いだすようになるんだけど、「俺」って言うのは恥ずかしかったし、自分が男です、っていうような目印を出していくのがいやだったのかも。「僕」は優等生っぽかったからいやで、「うち」って言っていた。ほんとは「あたし」とかの方が言いやすかった。【M.G・21歳・便宜上はゲイ】

●一人称に悩む日々……
小学校低学年の頃、一人称に「私」や「あたし」を使用していたが、周囲からからかわれていた。途中からまずいのかなと思い、中高生のときは「うち」や「こっち」を使用するようになった。「僕」や「俺」を使用するのには抵抗があった。【さち子・22歳・戸籍変更済み MtF】

●校長先生に注意されて……
中学入るまで"僕"って言ってたら、小学4年生くらいのときに校長先生に「僕っていうのはあんまり……」って注意された。【マホ・21歳・FtX パンセクシュアル】

●「女性なんだから、私って言いなさい」
一人称は自分の名前を使っていた。「私」っていうのに違和感があったし、自分にとって固有名詞にはジェンダー意識がなかったため。でも、先生や親に「私って言いなさい。女性なんだから」と何回も注意を受けていた。【K・25歳・FtM】

●個性尊重の先生のおかげで皆勤賞
小学校は「みんなこう」という縛りや、「女子／男子」「○○さん／○○くん」という分け方などが窮屈で、居場所を感じられず、ずっと不登校気味でした。けれど、4年生のときの担任の先生は、「個性を伸ばす」という方針で、みんなをあだ名で呼ぶくらいひとりずつと向き合ってくれ、その先生のおかげで4年生は無欠席で過ごすことができました。【じゅん・FtX・24歳】

●無理に指導されなくってよかった
一人称は小学校を卒業するまでは「うち」。「私」っていう言葉で自分を表すと自分を女だって認めてしまったように感じるから使えなかった。でも無理に「私って言いなさい」と指導されることもなかったので、たすかった。【はるか・23歳・パンセクシュアル】

●名前から「子」をとってくれた先生
高校2年生の倫理の授業で2回 GID（性同一性障害）の授業があって、先生と授業後その話で盛り上がってからは、その先生は名前呼びをする人だったんだけど、「○○子」から「子」をとって呼んでくれるようになった。配慮してくれたのかもしれない。【なっさん・23歳・トランスジェンダー男性 ゲイ】

16 友だちとの関係

クラスにもよりますが、とくに小学校の高学年などから、男性・女性に分かれて遊ぶことが多くなります。LGBTの子どもたちの中には、〈からだの性〉によって友だち関係が分かれていくことに違和感をもったり、うまくなじむことができない子どももいます。

● 〈からだの性〉によって友だちのグループが分かれる

とくにトランスジェンダーの子どもにとっては、「〈自認する性〉は女の子なのに、男の子と遊ばなければならない」「〈自認する性〉は男の子なのに、女の子と遊ばなければならない」ことが苦痛なこともあります。

LGBTの子どもたちにかぎらず、いままで〈からだの性〉が同じではない子どもたちと遊んでいた子どもや、これからもそうしたい子どもにとっては、孤立感や疎外感、不安を感じやすい時期でもあります。また、〈からだの性〉が異なる友だちと仲よくしていると恋愛関係として誤解されるばあいもあります。

● 〈からだの性〉によって遊びの選択・人間関係のあり方が決められる

「人形遊びが好きなのに、ドッジボールをしないといけない」「サッカーに混じりたいのに、手芸をしないといけない」など、〈からだの性〉によって、してよいとされることや、することが「ふつう」とされることが決められ、自由な選択がしづらいことがあります。

性別によって遊びの選択や人間関係のあり方が分かれていく際、それにあてはまらないことで他者から注意されるのではないかと懸念し、その規範に合わせてしまうことがあります。直接注意されることがなくても、揶揄されたり変な目で見られたりするのではないかと思い、自分から〈からだの性〉のグループを選ぶこともあります。

〈からだの性〉によるあり方の押しつけは、LGBTの子どもたちにかぎらず、「自分らしさ」を育みづらくすることがあります。

●人間関係をつくること自体に消極的になってしまう

偽らなければならない、どうせわかってもらえない、一緒にいたい人たちといると怒られる、自分らしく振る舞うと否定される、などさまざまな否定的な要因が重なることで、そもそも人と関係をつくることに消極的になったり、人にこわさを覚えることもあります。

そのことによって、家族や友人関係の中で孤独を感じたり、いじめや不登校などにつながることもあります。

よりよい友だち関係を築くためにできること

- 「男の子なんだから女の子とばっかり遊ばないの」など、〈からだの性〉を前提とした友人関係を指導しない。
- 男の子と女の子が仲良くしていても「2人はいつも仲いいね。○○さんって○○くんのこと好きなんじゃない？」などすぐに恋愛関係に結びつけない。
- 「男の子なんだから外で遊びなよ」など〈からだの性〉によって、遊びの選択を限定しない。
- 普段からみんなでできる遊びをする、学級活動などを男女で分けないで行なう。
- 保護者から「うちの子は異性とばかり遊んで……」と相談されても、自分らしさを尊重することの大切さや心配しすぎないでもよいことを伝える。

LGBT学生たちの声

●幼稚園のとき、仲の良かった男の子と
幼稚園のときに仲の良かった男の子と私を、先生たちがカップルみたいに扱って、卒業アルバムとかも2人で手をつないで写真撮らされて、ハートで囲まれて掲載されたりした。【いくみ・22歳・男でもないけど女でもない】

●周りの子にからかわれた
幼稚園の頃は特撮物や、色も水色など、「男の子のもの」とされるものが好きだった。そしてその頃から女の子が好きだったように思う。でも周りの子どもたちから「それっておかしいんだよ」「○○ちゃんとばっかりずっと一緒にいるの変なんだよ。だって女の子同士だもん」「まおちゃん男の子かと思った」などと、言われた。その子たちが大人からそういうことを言われたんだろうな、といまでは思う。【まお・24歳・レズビアン】

●居心地のよかったクラス
小学校1年のときに女の子と仲良くしていたら、母親から男の子の友だちをつくれって言われた。小2か小3からだんだん男子の友だちもできてきて、女友だちとも遊ばなくなっていった。小5、6年のクラスは仲が良くて、みんな男女関係なくわちゃわちゃやっている感じで、男とか女とか意識しなくていい状態が居心地よかった。【しゅうへい・20歳・バイセクシュアル】

●いじめ!? 男友達を増やせ！
小学生の頃は女の子とばかり遊んでいたのだけど、6年生の頃に仲が良かった女の子たちからハブられてからおのずと距離を置くようになった。中学生になったら、このままの状態ではいじめられてしまうのではないかと恐れて、じょじょに男の子たちと仲良くなっていった。周りの女の子が女の子らしい体型になっていくことがうらやましかった。「自分の胸も膨らむんじゃないか」って淡い期待をしていた面もあって、自宅のお風呂場で鏡を見ては、「あれ、胸出てきた？」のような思い込みをしたりしていた。男の子が男の子らしくなっていく姿を見ては、私は声変わりしないように神頼みをしていた。抵抗して喉をおさえたり、声を高くする練習をしていた。【さち子・22歳・戸籍変更済みMtF】

●セクシュアリティを言えないなら本当の自分も出せない
中学の経験から同性を好きになるということは言わない方がいいことだと思っていた。（高校入学で）人間関係が一新されるので、セクシュアリティを言えないのであれば自分というもの自体を出さないでおこうと、高校に入学した当初は勉強一本でいこうと思っていた。自分の素をさらけ出すことができないというか、したくなかったので、全員に敬語で話して仲良くならないようにしようと思っていた。極端だったんだと思う。【かずき・21歳・ゲイ】

●「彼女いるの？」と聞かれる場所にはいたくない
異性愛者の人がいる場所にいれなくて……。「彼女いるの？」とか聞かれる場所にいたくないし。そういう人が多いであろうコミュニティに属することを避けて、大学入ってからも基本的にあまり友だちをつくらないでおこうと思っていた。それ以降も自分から異性愛者の人の団体に入ることはしていない。【白石朋也・21歳・ゲイ】

17 恋バナは苦痛？

「好きな異性のタイプは？」「理想のタイプを芸能人でいうと？」「好きな男子／女子いる？」「バレンタインだれにあげるの？」などなど、学校の中で実は多い恋バナ。LGBTの子どもたちにとってはいつも小さく警戒している話題だったりします。LGBTの子どもたちはだれかを好きになったとき、「自分ってキモいのかな？」「だれかにばれたらどうしよう」「自分は一生だれとも恋愛できないんじゃないかな」などの心配や不安をもつことも多く、その悩みをだれにも相談できなかったり、それを相談していやな思いを経験する子どもたちもすくなくありません。

●みんなが「異性愛者」であることが前提となっている

LGBTの子どもたちにかぎらず、恋バナや性的な話が苦手だったり嫌いな子どもはすくなくありません。LGBTの子どもたちにとって、「異性」が好きなことを前提とした恋バナに参加することをつらく感じることがあります。恋愛対象をもたないアセクシュアルの子どももいますし、「異性」ではない人を好きになる子どももいます。「異性愛者」であることを前提にいろいろな質問をされると、うそをつかないといけなくなったり、疎外感を覚えたりします。それが毎日積み重なると息苦しさを感じることもあります。

●恋バナが日常的な話題

友だち同士で、いま好きな人を教え合ったり、恋愛相談をすることで絆を深めようとする風潮もあります。そのことは逆から考えると、恋バナに参加しない／できないことで友だちの輪に入りづらくなるともいえます。また友人間だけでなく、先生・親・親戚などからも恋愛や結婚の話題を振られることはすくなくありません。

●自分の「好き」や自分自身を否定する

「異性」を好きにならないと気づいたときに、「男が好きな俺ってキモいのか!?」と、自身がもっている常識から自分自身を否定することはすくなくありません。また、自分が人を好きにならないと気づいたとき、「人を好きにならないなんて自分はおかしいんじゃないか」と自身を否定することもすくなくありません。

他の人に知られてはいけないと自分の「好き」を必死で隠し、だれにも相談できなかったり、また、他の人や自分にうそをつき続けることが、悩みを増幅させたりします。

●人間関係が崩れやすい

　他の人がその人のセクシュアリティを知ったときに、「男が好きなら俺のこともそういう目で見てたのか」などの誤解や無理解から、これまでの人間関係が壊れてしまうこともあります。

　また、そのことを他の人に言いふらしてしまう（アウティングする）ことで、周囲の人との関係性にまで影響を及ぼしてしまうこともあります（97ページ参照）。

●恋人ができても、周りの目を気にする

　実際に恋人のいるLGBTの子どもたちもいます。しかし、周囲の人には知られてはいけないと不安を感じたり、恋人を友人に置き換えた言動を重ねることをストレスに感じているばあいもあります。

●どのように生きていくのかわからなくなる

　恋愛と結婚が強く結びついていると考えられていることや、ロールモデルが見つからないことで、どのように生きていけばいいのか、だれと生きていけるのか、そもそも生きていていいのかすらわからなくなることがあります。

いろんな"好き"を知るためにできること

- 異性を好きになる人、同性を好きになる人、同性も異性も好きになる人、恋愛をしない人など、さまざまな「好き」という気持ちがあることを知る。
- 多様な「好き」についていじめやハラスメント（いやがらせ）があったときは対応する。
- 授業や掲示物などを利用して、性の多様性や多様なライフプランを伝えることで、自己否定感をもっている子どもたちを安心させることができる。
- 恋愛の話をするときに「恋人/好きな人/パートナー」など相手の性別を限定しない表現をする。

LGBT学生たちの声

●「女の子を好き」なのはプライベートな領域?

幼稚園のとき、好きな女の子に「好きだよ」と手紙を書いて渡していたけど、先生や親は本気にしなかった。本当に好きなのは女の子だったんだけど、親に「だれと結婚するの?」と聞かれるとテレビの俳優さんの名前を挙げていた。無意識に空気読んでたのかなあ。中2から高3まで、同じ部活の女の子とつき合っていた。でも、結婚とかはパブリックだけど、女の子が好きなのはプライベートな領域なんだろうなあと。パブリックな場で女の子が好きだと言ったり、チューしたりしちゃいけないんだろうな、と無意識に思っていた。【こあらぱん・21歳・バイセクシュアル】

●「彼女できた?」と同じように「彼氏できた?」と聞いてほしい

幼稚園のときでも「○○ちゃん好きなの?」とは聞かれるけど「○○くん好きなの?」って聞かれたことはない。異性愛であることがあたりまえって思わないでもらえるとうれしい。女性に対する恋バナと男性に対する恋バナを同じ感じで話せたらいいのに。自分がカミングアウトした後に、先生とかにも「彼氏できたん?」と「彼女できたん?」と同じくらいのテンションで聞いてほしい。触れちゃいけないみたいな窮屈な雰囲気が緩和されてほしい。【M.N・22歳・バイセクシュアル】

●恋バナでは、自分でつくり上げた好きな男の子像を語る

小学校から中学校まで、自分はずっと「人を好きにならないんだろうな」って思ってたんだけど、おつき合い上、まったく話に乗らないというわけにもいかず、恋バナのときは好きな男の子をねつ造して部分的に乗っていた。「自分、人を好きになることなんてあるんだろうか」という途方もない葛藤、果てが見えないような気持ち、自分は他の人とちがうかもという、ぼんやりとした不安があった。【まお・24歳・レズビアン】

●自分の恋愛は話せなくってあたりまえ

中学校のとき、「このあいだ友だちの女の子が女の子に告白して振られて泣いてた」って言われて。その子の学校はそういう話ができるとこなんだって驚いて、自分の学校はむずかしいから、いいなーって思った。当時、自分の恋愛のことは話せなくてあたりまえって意識があったのかも。【かなこ・18歳・パンセクシュアル】

●男を好きになる男＝変な男?

中学のときに、好きな男子に告白したら、気まずい関係になった。彼は男子の中でリーダー的な存在で、「俺あいつに告白されたんだよね。迷惑なんだよね」って言っていたみたい。「そうか僕の好意は迷惑だったんだ」と思って、精神的にもとても沈んだ。仲のよい女友だちと休み時間は話していたが、行事ごとは男女で分かれるので、すごく居づらかった。男性を好きになることに対し、告白前は否定的な気持ちはなかったけど、言った後の彼や周りのリアクションを見る中で否定的な気持ちが出てきた。高1のときに担任の先生から、「最近元気ないね、どうしたの? 恋愛しなよ。あなたかわいいからうかうかしていると変な男に狙われちゃうよ」と言われた。僕は「男を好きになる男＝変な男」と解釈してしまって、「そうなのか、男を好きになる僕は変なのか」と思ってしまった。けっこう信頼していた先生なんだけど「この先生にはちょっと言えないかもな」って思った。【かずき・21歳・ゲイ】

●恋愛や結婚の仕方が多様だと知っていたら……

高校1年のときに彼女がいたんだけど、その子に「どこの国に行ってもいいから同性婚しよう」と言われた。当時僕は、性同一性障害という言葉を知らず、彼女も「あなたの性別はなんでもいいから結婚したい」と言われたが、それは異世界に飛び込むようでこわかった。ふつうの人じゃなくなるんじゃないかって。そのため、無理矢理彼氏をつくって、「他に好きな人できた」と彼氏とのやり取りをわざと彼女に見せ、別れた。その当時、恋愛や結婚の仕方が多様だと知っていたら、他の対応ができたのにと思っている。【K・25歳・FtM】

●女の子を好きになるのは社会的にいけないこと？

「自分が女の子を好きなのはおかしいんだ」「女の子を好きにならないほうがいいんだ」って思っていた。高校のときに女子同士だったけど惹かれ合った人がいた。でも社会的にいけないことだと思っていたから、つき合うことに抵抗があった。結局つき合ったんだけど先が見えなくて、絶対いつか別れがくるだろうと思っていたから一緒にいても不安でしょうがなかった。社会的におかしなこと、いけないことをしているという罪悪感をもちながらつき合っていた。その後、男子とつき合っていたときは、「人前で手つないでいいんだ」とか、ささいなことでも周りから受け入れてもらえることがうれしかった。それが女子とつき合っていたときとの差。女同士だと否定されるけど、同じ事を男子としたときに受け入れられるんだと感じた。【いくみ・22歳・男でもないけど女でもない】

●恋愛全体がわからない

恋愛全体がわからない。共感できないから会話ができなくて。（心情の変化を）説明してもらえたらなんとなくわかるんだけど、いちいち説明を求めるとうざがられて、相手からも会話に入れてもらえなくなる。でも一定の年齢を超えると話題の中心が恋バナだから。本とか読んだりして、恋愛を勉強したこともある。【Y.N・22歳・FtM アセクシュアル】

●ゲイである自分を否定

好きな男の子ができたときに、「自分がゲイだからこんな想いを味わうんじゃないか。異性愛者だったら友だちとかに話せてすっきりできるかもしれないのに」って、自己否定した。【あつひろ・20歳・ゲイ】

●もしばれてしまったら……

「女の子が好き」ってことをだれにも言ったことがないから、実際に話したらどんな反応が周りからくるかわからなくて、ばれたらきっとだれも話してくれなくなると思い込んでいた。【マホ・21歳・FtX パンセクシュアル】

●授業の中である「異性愛の前提」

文章表現の授業で、ラブレターを書いて発表するという回があった。女子が書いたものは女子の代表が、男子が書いたものは男子の代表が読み上げ、女子のラブレターは男子が、男子のラブレターは女子が評価する。どうして自分は対象をすり替えて書かなければならないのだろう……と、盛り上がる教室の中でひどく孤独だった。女子が書いたものとして女子に音読されることも、男子に向けたものとして男子から評価されることも、そしてこの授業があたりまえに行なわれ成り立ってしまう事実にも、違和感しかなかった。【隼人・23歳・FtM パンセクシュアル】

18 自分らしい人生設計ってなんだろう？

　セクシュアリティは人生設計に大きくかかわります。LGBT の子どもたちにとっては、LGBT の大人たちやその生き方が身近でないため、自分がどのように生きていけるのか、だれと生きていけるのか、どんな働き方ができるのかがわからず、将来が描きづらいのです。LGBT の子どもたちにかぎらず、性別によって生き方の選択肢を狭めない社会が望まれます。

●ロールモデルが見つからず、自分の将来が描きづらい

　LGBT の大人たちが社会的に見えづらい存在であることや、キャリア教育において LGBT が想定されていないことなどから、LGBT の子どもたちにとって、ロールモデル（模範、目標になる人）がなかなか見つかりません。また、LGBT の子どもたちにかぎらず、結婚・出産・子育てなどを体験したいけどできない、経験したくないと思っている子どももいます。

　たとえば進学において、苦痛でないこと（制服の有無）や受け入れられやすい場所（地域）などを考慮したり、「LGBT でもつける職業はなにか」と考えたりすることで、選択肢を狭めている現状があります。多様なセクシュアリティをもつ子どもたちが自分らしく生きていけることを伝える教育が求められています。

●1人で生きていかなければならないと思っている

　「自分は同性を好きになる」など、自分のセクシュアリティを自覚しはじめたときから、「自分はどう生きていけばいいのか。はたして本当に幸せになれるのだろうか」という先の見えない不安に悩まされます。同性間の婚姻が法律婚として認められていないことや、LGBT ファミリーの存在が知られていないことから、結婚生活や共同生活など、だれかと一緒に生きていくというイメージがもちづらいのです。

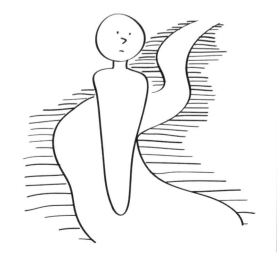

人生設計を考える際にできるサポート

・セクシュアリティにかかわらずさまざまな生き方があることを、子どもに伝える。
・どう生きるか：セクシュアリティにかかわらず、さまざまな生き方や仕事ができることを伝える。
・だれと生きるか：子どもを育てていたり、パートナーと一緒に暮らしていたりするLGBTの大人たちの事例を伝える（72～73ページ参照）。
・LGBTの人たちを出前授業などの際に講師で呼び、話をしてもらう。
・生徒が進路選択の際に重視していること（制服がない、寮制ではないなど）を尊重する。
・性の多様性にかんする取り組みをしているばあいは、そのことを学校案内やホームページなどで知らせる。
・性の多様性にかんする取り組みをしている上級学校や企業などについて情報提供ができるようにしておく。

LGBT学生たちの声

●幼い頃からずっと悩み続けて……

ゲイであるということに、すごく悩んでいた。中高生でいきなりきたというよりは、幼い頃からずっと緩やかに悩んでいた。人生計画どうしようとか、将来どうしようっていうのを考えていた。でも、先生に話して他の人にばらされたらどうしよう、と思って相談できなかった。【M.G・21歳・便宜上はゲイ】

●ゲイの自分は生きていく価値がない

ずっと、ゲイであることを（自分で）認められなかった。認めてしまったら生きていく価値がないと思った。というのも家庭ではジェンダー規範が強くあり、家庭を守り、男をたてる女性と結婚しなさいって小さい頃から言われてきたし、家を継ぐ（子どもを残す）ことが自分の生きる意味だと信じていたから。家の中は息苦しかったので学校に居場所を求めたけれど、だれも信じられなかった。LGBTそのものが悩みになるのではなく、進路とか将来とか人間関係とか、その要素も含んで困ることの相談に乗ってほしかった。セクシュアリティはアイデンティティの一部だから、セクシュアリティ含めないと話せない相談って実はたくさんあって、けれど結局、それを相談するにはカミングアウトが不可欠で、話すことができなかった。とてもしんどかった。【たける・21歳・ゲイ】

●私の将来設計

中学校の総合の授業で、将来設計をしようという授業があった。「いつ結婚しますか？」「いつ子ども生みますか？」みたいな。「私の人生にはそれらが事前に組み込まれていて、時期だけ微調整するものなのかな？」って思った。小さな抵抗だけど白紙で出して「ノープランです」って言ったら、先生は苦笑いをしていた。【ろっこ・23歳・レズビアン】

●大学以降のビジョンがもてなかった

中学か高校入った頃から、大学以降のビジョンが全然もてなくて。なんとなく、そのくらいになったら死んじゃうのかなぁって思ってた。だから、受験もしたくなくて、勉強もしてなかったから、この年に受けた地元の国立大学は落ちちゃって。予備校の先生から、進路相談のときに「なにか悩みがあるんでしょ？　動じないから、話してみて」って言われたことがあったんだけど、言えなかった。【祐介・28歳・ゲイ】

●みんなは結婚できても自分はできない

部活の中で、「最初にだれが結婚するか」みたいな話になったときも、適当な理想とか言ってなんとなくやりすごしていた。「みんな結婚するけど、自分はできないんだなあ」って。【ハル・23歳・ゲイ】

●受験する学校を選ぶときも……

良妻賢母みたいな校訓の学校は外して受験してた。【マホ・21歳・FtXパンセクシュアル】

●進路を選ぶ背景にあるセクシュアリティ

自分はいわゆる結婚はしないんだけどな、っていう思いがずっと漠然とあった。「みなさんもいつか結婚されてお母さんになると思いますけど」とかよく言われ、家庭科でそれらを組み込んだ家族計画・人生計画を立てる授業があったが、意味がよく分からなかった。自分は多分そこにはのれないんだろうなという思いがあって、1人で生きていくにはどうしたらいいんだろう、いまは勉強をしっかりしていた方がいい気がする、と思っていた。無意識のうちに1人で生きていける職業を選んだのが、いまの（医学部への）進路につながったと思う。幼稚園くらいから、それぞれでいいんだよってことをもっと早い段階から教えてもらえたらいいのに。「いろんな生き方があるんだよ」とか「いろんな家族があるんだよ」って。【まお・24歳・レズビアン】

●女性として大学に入りたい！

GID と確信した小学校の頃から東京に強いあこがれをもっていたし、ずっと行こうと心に決めていた。高校を卒業したら、男性として見られる苦痛から少しでも逃れるために女性化しようと決めていたし、そうするなら東京しかないって思っていた。18歳で上京したが、その頃はまだ大学には進学をしなかった。進学をするのであれば、ちゃんと女性として生活できるようになってから進学したかったからだ。その方が周囲に受け入れられやすいと思ったし、自分もその方が良かった。だから、2年位をめどに治療をして、それから大学に入った。【さち子・22歳・戸籍変更済み MtF】

●「LGBT の大人」をイメージできない

LGBT 当事者の大人がふつうに生活している姿がイメージできなかった。実際にそういう人が知り合いにいなかった。仕事、家族関係やパートナー、友人関係とか、「ふつうに」生活している姿さえ思い浮かべられなかった。将来に対する不安がいつもあって、数カ月に1回は精神的に落ち込んでしまって、それがテストの時期にかぶると如実に点数に現れてしまった。進路を決める頃になっても、将来に対して具体的なイメージがもてなかったので、なかなか勉強に身が入らなくて……。【かずき・21歳・ゲイ】

●ジェンダーに縛られない職業として医療系を選択

専門職ってジェンダーに縛られず、実力があれば張り合えると思って、医療系を選んだ部分はあったと思う。【たこ・21歳・バイセクシュアル】

● LGBT の大人がいることを知ったときの安心感

社会問題について学ぶ選択授業でゲイとトランスジェンダー女性でレズビアンの方がゲストスピーカーとしていらっしゃったんだけど、当事者2人の話を目の前で聞けて安心した。「こうやってちゃんと大人になって日本社会に暮らしている LGBT がいるんだ」と思うことができて心強かったし、自分が生きていくイメージをもちやすくなった。【はるか・23歳・パンセクシュアル】

◆【対談】LGBT ファミリー
レズビアンカップル 春さんと麻実さん

> 春さんには2人、麻実さんには1人、あわせて3人の子どもがいる。2人は離婚ののち一緒に暮らして9年になる。2010年、3人の子どもたちも参加して結婚式を挙げた。

──一緒に暮らしはじめたとき、子どもたちにはどう説明を？

春：当時、子どもはまだ小さいから、つき合ってるとかわからないじゃない。だから、「ママはだれが一番好きなの？」って聞かれたときに「ママは麻実ちゃんが大好き」って答えてた。

　暮らしはじめたときに、え??　みたいに思うことが山ほどあったから、LGBTの家族と会って話したいと思ってた。たとえば、家庭での2人がどういう役割なのかとか、子どもにはなにをどこまで説明してるかとか、学校にはどう言ってるかとか。それで、いろんな人からお話を聞かせてもらったね。

──結婚式をする経緯について教えてください。

麻実：友だち家族のあいだでフォト婚が流行っていて、うちも撮ろうよって話になって。でも、私にとっての結婚式ってなんだろうって真剣に考えたとき、親も呼んで、ちゃんと挨拶するのが筋だなと思って、式を挙げることにしました。

　余裕もって2年先に会場をおさえて。じゃあ、だれ呼ぶってなったときに、春ちゃんが「親とかは呼ばないでしょ」って言いだして。

春：この人が親を呼んで子どもも呼んでって考えてるなんて知らなかったの。私はただ、けじめがほしいなって思ってたから、2人だけでもよかったの。

　話し合って、周りの人にはちゃんと言おうねってなっていくんだけど、子どものことは、最後までひっかかって。この人は、家族の中で隠しごとはもたないほうがいいって主義だけど。本当のことを言ったら、今度は子どもが社会でうそついていかなきゃいけなくなるじゃない。それはあまりにもかわいそうじゃないかなって思って。何度も何度も話し合って、式の1カ月前にようやく、子どもにも言ったほうがいいねってことになった。

——どんなふうに伝えたんですか？

麻実：春ちゃんが子どもから「ママはパパと再婚しないの？」みたいなことを言われたときに「再婚はしない、麻実ちゃんと結婚するんだ」って言って。上の子は「でも日本って女同士じゃ結婚できないんでしょ」って言うから「そうだよ。でも、法律にはないだけで、違反ではない」って。それはちょっと安心したみたいだね。下の子たちはまだなんにもわかってなかったね。

——**親御さんは結婚式に呼んだんですか？**

春：あたしは最後まで親に言いだせなくて。ウチの親はまだ同居すら反対だったから。そしたらね、子どもがしゃべっちゃったの。「今度のお休みどうするの？」っておばあちゃんに聞かれて「ママたちが結婚式するの」「なんですって！？」みたいな。結局、式には来なかったけど、最終的には「よかったわね」って言ってくれました。いままで散々反対してたのは、母なりに心配してくれてたんだと思う。

——**学校の先生や友だちにはどう説明していますか？**

麻実：「一緒に暮らしてます」とは言ってます。でも、とくにくわしく説明してなくて。遠い親戚ですって言ってみたり……。

春：学校では、子どもの生活を把握するために暮らしぶりは聞かれるけれど、親同士の関係性まで踏み込まれた事はないの。住んでいるのが都心部ということもあると思うけれど、先生からなにか言われたこともとくにないのね。ただ子どものお友だちが最初にうちに遊びに来るときは私はいつもちょっと緊張するかな。いわゆる"普通のおうち"じゃないことを不思議に思う子も中にはいるからね。でも、それは最初だけ。2回目以降は子どもたちも慣れたものだし、こちらも気にしない。

—— **LGBTで子どもをもちたい人へのメッセージを。**

麻実：もちたいっていう心があるなら、ぜひあきらめないでほしいなって思う。

春：子どもをもつことがすべてではないとは思うの。でもね、もつとね、思いがけないおもしろさが山ほどあるんだよね。セクシュアルマイノリティが子どもをもつって、まずもつまでが大変だなって思うけど、それでもやりたい人がいたら、ぜひチャレンジしましょうよって思う。そのときには、先輩方がいっぱいいるわけだから。

19 「はたらく」を考える際に不安に思いやすいこと

LGBTの子どもたちは、自分が働ける職業や職場のイメージがなかなかもちづらいため、大人になれないのではないかと将来に不安を感じやすいです。自分は何がしたいかよりも、受け入れられやすい場所や職種を優先することもあります。セクシュアリティをカミングアウトして働く人たちや、カミングアウトしないで働く人たちなど、多様な働き方についての情報が子どもたちには必要です。

●はたらくLGBTの大人たちの情報がほしい

LGBTの子どもたちは働き方のロールモデルをなかなか見つけられません。自分は何がしたいかよりも、受け入れられやすい場所や職種など、消去法での選択になりがちです。また、さまざまな業種や職種で働くLGBTの大人たちの情報が提供されていないため、働けるというビジョンがもてないのが現状です。教育の中での情報提供はもちろん、自立支援／就労支援機関やキャリアセンターでもLGBTの子どもたちを包括した情報提供が重要です*。

*ReBitは、はたらくLGBTの姿や、企業によるLGBTへの取り組みについて、インタビューを掲載したサイトを運営しています。
〈LGBT就活〉http://www.lgbtcareer.org

●就職活動や職場で差別にあうのではと不安に思う

倫理規定、就業規則などに、性的指向や性自認による差別の禁止を明文化している企業や、福利厚生において同性パートナーを配偶者として取り扱う企業もあります。しかし、同性愛者・両性愛者の42.5%とトランスジェンダーの87.4%が求職時に性的指向や性自認に関連した困難に直面している*ことからもわかるように、求職や就労においてセクシュアリティに由来した困難を抱える人もいます。そのため、セクシュアリティを明らかにすると、就職できないのではないかという不安をもつ人もいます。

実際、職場でカミングアウトをすると、上司・同僚との関係性が悪化し、退職せざるを得ない状況に追い込まれたケースもあります。また、ハラスメントを受けたり、昇進や働きやすさなどに影響するケースもあります。

*認定特定非営利活動法人 ReBit (2019)「LGBTや性的マイノリティの就職活動における経験と就労支援の現状」

●望む性別で働きたい

戸籍上の性別とは異なる性別で働きたいばあい、カミングアウトしないとそれが実現しない現状があります。就職活動のときに話すか、内定後に話すか、それとも働きはじめて人間関係を構築してから話すかは、個別の事情によります。また、すでに戸籍の性別を変えているトランスジェンダーであっても、女子校・男子校出身であったばあいなどには、就職活動の際に話さざるを得ないこともあります。

●カミングアウトをしないばあい、隠さないといけない部分が多い

就職活動においてカミングアウトをしないことで、自身が学生時代に取り組んできたことや、大事にしている価値観について話せないことがあります。また、働きはじめてからも「週末何してたの?」「恋人つくらないの?」などの職場での話題に居心地の悪さをやストレスを感じる人はすくなくありません。セクシュアリティについて話せないことによって職場の人間関係が深めにくかったり、働きやすさに影響することはすくなくありません。職場で同性パートナーの存在を明らかにしていないばあいは、同性パートナーが入院したときに、その看病を理由に休暇を取れないなどの不都合があります。

「はたらく」を考える際にできること！

- 「はたらく」にはいろんな選択肢があり、ライフプランも多様であることを、LGBTの大人たちの経験（手記など）を通して伝えると参考になる。
- 性的指向や性自認による差別をしないことを倫理規定、就業規則などに明文化している企業の存在を知らせる＊。
- 教育機関や自立／就労支援施設、キャリアセンターや就職支援課などでLGBTを包括した支援ができるよう、研修や勉強会を行なう。また、LGBTも包括した情報提供を行なう。
- 求職者や一緒に働いている人の中にLGBTがいることを念頭に置き、人事や採用にかかわる方や、社員／教職員などにLGBTにかんする研修や勉強会を行なう。
- 自身の職場（企業／学校など）でLGBTであることを理由に採用を制限する／受け入れを拒否するなどの対応をしない。また、学校のばあいは採用時だけでなく、教育実習などにおいても制限／受け入れ拒否などの対応をしない。

＊ LGBTインクルージョンに優れた企業を表彰する「PRIDE指標」が2016年に開始されました。表彰企業は、work with Prideのホームページから見ることができます。
〈work with Prideウェブサイト〉http://workwithpride.jp/

LGBT学生たちの声

●〈自認する性〉の性別で働きたい！

すべての企業で、「トランスジェンダー男性です」とカミングアウトして就活をしていた。戸籍は女性なのだが、男性として働かせてほしかったのと、学生時代にLGBTのことに取り組んでいたことを話したかったので。企業によってはカミングアウトした瞬間に面接を打ち切られたり、セクハラのような質問をされ続けたりした。面接官に差別意識があったのだろうなあ、と思う。どんな意識をもっている人が面接官かわからないから、就活は毎回賭けをしていた気持ち。でも、「トランスジェンダー男性であることはあなたの強みなのですね」と言っていただけたり、うれしい経験もたくさんしました。そのうちの1つの企業に内定、就職。【やっくん・23歳・トランスジェンダー男性 パンセクシュアル】

●カミングアウトしたら教育実習はできない⁉

勉強が好きだったことや、先生たちが大好きだったことから、教員になろうと思った。でも、教育実習前に情報を集めたところ、性同一性障害であることをカミングアウトすると教育実習の受け入れ校が1つもなく、そのため教育実習が受けられず、免許が取れない事例をいくつも聞いたため、女子として行くことにした。でも教育実習中、子ども相手にうそをついている、と思ってずっと自分を責めていた。女性のふりして、子どもたちは女性として接していて、だましている感じが罪悪感としてあった。また、女として振る舞うことに一生懸命で、授業や生徒対応に本領を発揮できない感じがすごくいやだった。【なっさん・24歳・トランスジェンダー男性 ゲイ】

●就活ではカミングアウトしたけれど……

就活では基本的にカミングアウトをしていた。LGBTの話をすると、顔をしかめる面接官もいたけれど、そういうばあいは、どんなに大手であっても迷いなく辞退した。唯一好意的な反応をくれたのが内定先の広告会社だった。「どのような広告つくりたいか」という質問をされ、LGBTに絡めた説明をしたら、「うちの会社にも以前ゲイの人がいたよ」と言われ、「オープンに働ける職場なんだ」とうれしくなった。【アイコ・22歳・レズビアン】

●会社も異性愛が前提

「LGBTの子」という色眼鏡で自分を見てほしくない、と思っていたから、カミングアウトしないで就活したけど、「いいことだったのかな？」って不安になってきている。入社を決めた企業は「女子」の福祉は整っているけど、私はそれからはもれてしまう可能性もある。会社の福利厚生について先輩に聞くと、男女ともに30歳頃には結婚することを前提にしているから、結婚しないかもしれない自分はきついかも。自分のアイデンティティの1つを無視しないで就活しても良かったのかも。福利厚生を受けるのも異性愛者であることが前提になっている企業が多いよね。【こあらぱん・21歳・バイセクシュアル】

●職場で恋人について聞かれ……

パートナーが職場で恋人について聞かれて、彼氏を彼女に置きかえて話していた。「写真見せてよ」などと言われても「いやあ、ないですよ」などで乗り切っていたらしいけど。【かずき・21歳・ゲイ】

20 家族へのカミングアウトはむずかしい

多くの LGBT の子どもたちにとって、カミングアウトがむずかしいと感じる相手が「家族」です。家族の中に理解者がいてくれれば非常に心強いのですが、差別心などから否定されると、生活を共にしているばあいには生活空間が苦痛なものになりかねません。また一緒に暮らせなくなってしまうばあいもあります。そのため、家族、とくに保護者には言いづらいと思う子どもたちが多いのです。

◉カミングアウトが関係性の悪化につながるばあいも

保護者自身が LGBT に偏見をもっているケースもあります。子どもが LGBT なのではないかと思ったばあい、あるいはカミングアウトされた際、戸惑うこともすくなくありません。

中には子どもが LGBT であるとわかると、家から追い出したり、戸籍から除外したりするケースもあります。また、態度があからさまに変わる、服装を決められる、だれと会ってはいけないなどと決められる、勝手に携帯や部屋などを見られる、DV

や虐待につながるなど、子どもが安心して生活しづらい / できない状態になることがあります。学校を強制的に退学させられる、生活援助を打ち切られるケースもあります。アメリカのホームレスの子どもたち（18 歳まで）を対象にした調査では、回答者のうち約 40％は LGBT の子どもたちであるとの調査も出ています[*]。

*米・Palette Fund, True Colors Fund, and Williams Institute の調査による

◉家族が抱え込んでしまう

子どもがカミングアウトしたばあい、もしくはそうなのではないかと家族が思ったばあい、その家族も同様に悩みを抱えやすいのです。そして LGBT

の子どもたちと同様、だれに相談していいのかわからず家族の中で抱え込んでしまうケースもすくなくありません。

◉保護者が自分を責める / 周りから責められる

保護者が、自分の育て方が悪かったのではと自分を責めるケースや、周りから責められることもすくなくありません。その言動自体が子どもを深く傷つけるばあいがあります。育て方のせいで LGBT に

なるわけではないですし、LGBT であることは悪いことでも不幸なことでもありません。保護者が自分を責める必要はまったくないのです。

家族の関係を良好に保つためにできること

【相談があってもなくても必要なこと】

・家族に対して、LGBT の知識を伝える。

　自分の子どもが LGBT かもしれないと思った際に、どこで、だれに相談できるかわからずに、悩みを抱え込んでしまうことがある。そのため、日頃から学級通信、保護者会などで、LGBT についての正しい知識を家族にも伝えることが、その家族が抱え込まずにすむ一助になる。

【子どもから相談があったばあい】

・子どもが家族にカミングアウトするかは本人の判断を尊重する。

　先生が子どもからカミングアウトを受けたばあいは、その子どもが LGBT であることを家族に伝えているのか聞き、伝えていないばあいは、自傷や自殺の危険があるなど緊急の事態を除き、保護者へそれを先生から勝手に伝えることは決してしない。本人が家族に伝えていないばあい、伝えることを過度に勧めることも避ける。カミングアウトをするもしないも本人の判断であり、どちらも尊重されるべきであることを伝える。家族へのカミングアウトのむずかしさや懸念点を理解したうえで、カミングアウトしてもしなくてもよく、またその決定をあせる必要もないことを伝える。そのうえで、その子が家庭や学校で暮らしやすい方法を一緒に考える。

・相談できる場所を伝える。

　専門家に相談したいばあいや、LGBT の人たちと話がしたいばあいは、相談できる機関や団体を紹介する（130 ページ参照）。

【家族から相談があったばあい】

・セクシュアリティを決めつけることはできないと伝える。

　保護者から「うちの子どもは女の子とばかり遊んでいるのですが、ゲイなのではと心配で……」などの相談があったばあい、セクシュアリティは外見や行動からわかるものではないため、その子どものセクシュアリティは他者が判断できないことを伝える。また、それを本人以外が決めることはできないことも伝える。

・LGBT の基礎知識を伝える。

　LGBT は人口の約 5 ～ 8 ％はいること、育て方に問題があったわけではないことなどを伝える。LGBT 関連の書籍などを紹介するのもよい（131 ～ 133 ページ参照）。

・相談できる場所を伝える。

　専門家に相談したいばあいや、LGBT の子どもをもつ家族と話がしたいばあいは、相談できる機関や団体を紹介する（130 ページ参照）。

LGBT学生たちの声

●親に「一過性だから深入りしない方がいい」と言われ……

高校のときにはじめて女の子を好きになった。親に言ったら「一過性だから深入りしない方がいい」って言われた。でも「男性好きになるときだって一過性だしな」って思った。【にこ・22歳・パンセクシュアル】

●面談で先生にカミングアウト

先生に面談の際に、カミングアウトした。最初は驚いていたけど、「それ親御さんには話してるの?」って。「全然話してません」って答えたら、「自立するまでは話さない方がいいかもね」って。うちの親がすごく厳しいことを先生もご存じだからこそ、そこまで踏み込んで話してくれてうれしかった。【倫子・19歳・レズビアン寄りバイセクシュアル】

●少しでもLGBTのことを紹介してもらえたらうれしい

プリントの隅っこでも、PTAの会議の2時間の最後の5分でも、LGBTのこと載せてもらったり話してもらえると全然ちがうと思う。学級通信のコラムとかにいろんなマイノリティを紹介して、その中の1つとしてLGBTを紹介してもらえたらうれしい。子どもも親も見るから。【M.N・22歳・バイセクシュアル】

●母親に言われた「産んでごめんね」という言葉

高校卒業時に、母親に「これからは男子として生きようと思う」と言うと、「産んでごめんね」と言われた。当時は「産まなければよかった」の意味かと思い疎遠になっていたんだけど、「自分の産み方や育て方が悪かったのでは」とか「男の子のからだに産んであげられなくてごめん」という意味だったことを後から知った。【やっくん・23歳・トランスジェンダー男性 パンセクシュアル】

●親にカミングアウトするタイミング

大学1年の春の帰省時に親にカミングアウト。本当は経済的に自立してからにしようと思っていた。カミングアウトして親との関係がまずくなって、経済的な支援が打ち切られて学校に通えなくなったケースや実家にもどされてしまったケースもあることを知っていたので、働きだしてから言おうと思っていたが……。【かずき・21歳・ゲイ】

●「今までの自分」と「これからの自分」を分けて見られるのがこわい

親には言ってない。1〜2カ月に一度実家に帰るたびに言いたいな、って思うけど言えない。俺がLGBTの問題を考えはじめて一番の壁って親との関係性。うちの親は窮屈な人じゃないから言えば「そうだったんだ」くらいで聞いてくれると思うけど、でもそこから急に見られ方が変わってしまうんじゃないかなって……。ずっと自分は自分なのにいままでの自分とこれからの自分を分けて見られてしまうんじゃないのかなあ、って。ちがう自分にとらえられてしまうのがこわい。【M.N・22歳・バイセクシュアル】

●子どもがLGBTであることに母親が責任を感じることも

私がLGBTであることを知った祖母が、母に対して家庭環境が良くなかったから孫がLGBTなんかになったんじゃないかと責めていて、母親が責任を感じている時期があった。【原・21歳・パンセクシュアル】

●家族へのカミングアウト

幼い頃から、男になりたいと思っていた。中学のときに母親に、「女の子で生きていくのがいやなんだよね。自分は女の子じゃないのかなあ？」って聞いた。母親は「あなたが女の子として産まれたのは運命。運命には逆らえないからそのまま生きていきなさい」って丸め込まれた。「女の子として生きていくしかしょうがないのだな……」と、ベリーショートだった髪の毛伸ばしたり、女の子として生きていこうと努力しはじめた。自分自身、自分を女の子だと思い込もうとして、高校に入ってからもスカートはいてメイクして「女子同化政策」をしていた。いま考えるとむっちゃ頑張っていた。女の子を好きになっても、絶対だれにも言わないようにしていたし。20歳を前にもう一度、家族にカミングアウトしたけど、一番上の姉は「我慢ができないの？」と反対。母親は「健康なからだをいじるのは賛成できない。もうその話聞きたくない」と。父は「自分の責任でできるならいい」と言ったのに、その後「この服装はなんだ、男の服装じゃないか」と服装にかんし執拗に言うようになった。口ではああ言ったけど、反対しているんだと思う。真ん中の姉に相談したら「距離をとった方がいい」ということで、大学3年になってから、その姉の家に居候している。それからは実家には帰っていない。【るい・21歳・FtM】

●周囲のフォローの大切さ

母にカミングアウトして1週間後、僕のことを小さい頃からかわいがってくれている母の親友2人にも言いたいんだけど言ってもいい？　というメールが来た。母が1人で抱え込むより周りに話ができる人がいた方がいいだろうと思っていいよと言った。母の親友によると母はカミングアウト受けてからしばらくは悩んでいたそうだ。「自分はどうしたらいいんだろう」と。でも僕としては何かして欲しいから言ったのではなく、知ってほしいから言ったので……。母の親友がその点をフォローしてくれていたようで、母もだいぶ救われたようというか気を張らなくてよくなったみたいです。【かずき・21歳・ゲイ】

21 否定的な発言が出たとき、どう対処すればいいの？

「おまえオネエか!」など、LGBTをネタにして笑いをとったり、差別する人に対して、どう対処したらいいのでしょうか？ 小学生の85%が今までに〈ホモ〉〈オカマ〉〈おとこおんな〉などの差別用語を見聞きしたことがあると答えています*。その中には、言っている本人には悪気がないばあいもあります。

＊ ReBit 出張授業アンケート (2014・2015)

● LGBTは笑いの対象や、冗談の一種として扱われやすい

セクシュアリティはアイデンティティの1つです。目の前にいる子どもを傷つけないためにもLGBTを笑いや冗談の対象にしてはいけません。しかし、子どもたちは悪気なく発言し、笑っているかもしれません。周りの大人がそれを注意せずに見過ごすことも、そうした風潮を助長することになります。

● LGBTが揶揄されている場面にもLGBTの子どもたちがいる

LGBTがネタにされている現場でそれを聞いている子どもの中にもLGBTの子どもたちがいます。自己防衛から、一緒に笑ったり、率先して揶揄する言葉を発しているLGBTの子どもたちもいるかもしれません。そうした状況は、LGBTの子どもたちにとって自身を否定する要因になります。その場できちんと対処することが重要です。また、きちんと対処することで、それを聞いたLGBTの子どもたちが「この人には相談できるかもしれない」と思えるきっかけとなることもあります。

●否定するつもりがなくても、傷つく子どもがいる

LGBTに関して知識がなかったり、周りにいるという意識の欠如から、LGBTに対して否定的、排他的な言動をしてしまうことがあります。悪気や否定しようとする思いがなかったとしてもLGBTの子どもたちや、友人や家族にLGBTの人達がいる子どもが聞くと否定されたと感じ、傷つきます。「身近にLGBTの人たちがいる」ということを意識することが大切です。

クラスで否定的な発言が出た際にできること !

・見過ごさず対応する
　子どもたちは先生の対応を見ている。対応を見ているその子どもたちの中にも LGBT の子どもたちがいるかもしれない。先生の対応の仕方によって、「相談できるかも」と思えたり「先生には話せないや……」と思う子どもがいることを忘れないようにする。
・他の人権問題と同様に扱う
　LGBT の問題だからと身構える必要はなく、差別などの人権問題に対処する方法をとる。「なぜ、キモいと思うの？」など考えるきっかけをつくったり、「いやに思う人がいるからやめなさい」と明確に注意する。
・LGBT の正しい知識を伝える絶好のタイミング
　「先生の友だちにも LGBT の人たちがいるよ。LGBT の人って 13 ～ 20 人に 1 人くらいいて、おかしいことじゃないんだよ」などと情報提供をする。

考えてみよう

つぎのような場面の対応の仕方を考えてみましょう。

　①子ども同士の否定的な言葉をきいたとき
　子ども A：2組の○○って○○に告白したらしいよ、レズなんじゃね？
　子ども B：え！　まじで！　キモっ！
　この会話をきいたあなたは、どのように対応しますか？

　②授業中に否定的な言葉や態度が出たとき
　あなた：同性同士でパートナーになる人もいるんですよ。
　子どもたち：（笑い声）
　このとき、どのように対応しますか？

　③他の先生の否定的な言葉を聞いたとき
　（廊下で男子2人が仲よく遊んでいるのを見て）
　先生：「お前らホモか、やめなさい」
　他の先生のこのような発言を見聞きしたとき、どのように対応しますか？

LGBT学生たちの声

●歴史の授業でやった先生の寸劇
中1のときに歴史の授業の中で、中大兄皇子と中臣鎌足が実は恋仲だったという話を先生が寸劇でやって、女の子たちが「きゃー」みたいになっていた。笑わせにかかっている感じで、恋愛ドラマにあるような「名前を呼んでお互い見つめ合う」シーンをコメディーチックにやっていたり。先生は楽しませようとしていたのだろうけど。【かずき・21歳・ゲイ】

●クラスメートの聞きたくない会話
忘れられない話がある。高2のとき、「すごく容姿のいい同性とあまり容姿のよくない異性だったらどっちとキスする?」みたいな、「キスをする究極の2択」という話で盛り上がっている子たちがいた。最初は芸能人からはじまって、後半になるにつれて友だちの名前も出てきて。男子が男子選ぶたびに「えええ、キモい」みたいな反応をして盛り上がっていた。その話題は数日続いて、とてもいやだった。【椎名・20歳・シスヘテロではない】

●先生がよくしていた「ホモネタ」
高校の授業で雑談していたときに、さまざまな教科の先生から「ホモネタ」を聞かされた。みんな笑っていて、「またか……」って思った。よくあったホモネタは、先生の大学時代の話で、仲良かった男に迫られたという話をおもしろおかしくした感じ。単純にだれかをばかにするようなことをネタにして笑いにするのはよくない。【あつひろ・20歳・ゲイ】

●信頼してた友だちのからかい発言
高2のとき、すごく信頼している友だちが、「ホモだ」と噂されていたAくんのことを冗談半分で揶揄したり皮肉ったりしているのを聞いて、「この人にはいつか(セクシュアリティについて)話したいと思っていたのに話すことはできないのかな……」って思って、すごくさびしかった。また、みんなが何の気なしに言う、悪気がないのはこちらもわかっているような言葉でも、やっぱり気になるときはある。あたりまえの会話として「おまえ彼女できたの?」みたいな。悪口にはなりえないんだけど、セクシュアリティで悩んでいた時期なんかはいちいち何気ない一言をシビアに気にしてしまっていた。【M.N・22歳・バイセクシュアル】

●「気持ち悪いよね」って一緒に笑ってた
高校のときに男子同士で仲いい人たちがいて、周りの人が「ホモ、キモい」って笑いながら話しているのを見ていた。そのときの自分は「気持ち悪いよね」っていう側に回っていた。それは自己防衛から。自分は性的対象が男性だっていう心当たりがあるから、「自分も笑われたり気持ち悪いっていわれる側なんだろうな」ってこわくて、自己防衛。「気持ち悪くないじゃん」とかは言えなかった。本心じゃなく、「不安だな、こわいな」って思いながらも「気持ち悪いよね」って一緒に笑ってたその感覚はいまでも残っている。切ない感じ。自分のこころを無視していっているような感じ……。「女っぽい」とか、からかいの言葉はすぐ注意してほしい。言われた相手の自己肯定感を下げる言葉だととらえて、放置しないでほしい。でないと、発した子も「これは言ってもいい言葉なんだ」ってなっちゃうし、言われた子も「言われても抗議できないんだ」って思うから。見逃さないでほしい。【ハル・23歳・ゲイ】

●たとえ冗談でも傷つく子がいる

冗談でも「ホモ、レズ、オカマ」などの言葉がからかいで使われていたら、先生からきちんと注意してほしい。「冗談でもそういうことを言うと傷つく人がいる」と言ってほしい。小学生の中でも、車いすやメガネの人を笑ったらいけないという空気はあった。だけど「ホモ」とかLGBTを笑いのネタにするのは問題ない、というような風潮があるから、生徒同士で注意するのはすごくむずかしかった。そこで怒れるのは先生だけ。だからもっと敏感になってほしい。もしクラスでLGBTをからかいの言葉にしている子がいたら、「なんでそんなにおもしろいの？　笑うことなの？　ゲイだったらなんなの？」って聞いてみてほしい。【アイコ・22歳・レズビアン】

●笑いのネタとして……

大学教授との飲み会の席で。何代か上の先輩の話になったときに教授が、「Aくんはかわいいから気をつけないといけないね」「どういうことですか？」とAくんが聞くと、「知らなかったの、あいつホモだよ」って笑いながら言っていた。【山瀬・20歳・レズビアン】

●先生の注意の言葉が……

中学のときの担任の先生が、男子同士が近くにいると「お前らいちゃいちゃするな気持ち悪い。触るな。よるな。」みたいに、暗に同性愛を否定するような発言を日常的にしていた。しかも自分も刷り込みで男子同士がいちゃいちゃしているの気持ち悪いと思っていた。そういうのこわいなって。【ろっこ・23歳・レズビアン】

●「レズとかエロいね！」

インターン先の人にカミングアウトする機会があったんだけど、「レズとかエロいね！」と言われていやだった。【マホ・21歳・FtX パンセクシュアル】

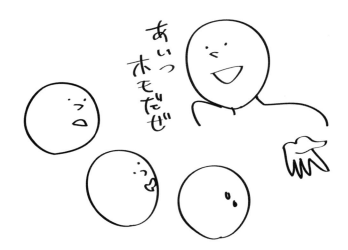

22 たすけて……。いじめられた

LGBTといじめは密接につながっています。その子どものセクシュアリティとは関係なく、LGBTだと思われている子どもたちに差別の目が向けられ、いじめの対象になることがあるのです。子ども同士でもセクシュアリティを理由にしたいじめがありますが、先生からの心ない言動が子どもたちを傷つけることもあります。

● LGBTであってもLGBTでなくても被害者になる

LGBTに対し差別や嫌悪があることで、いじめの対象が生み出されます。セクシュアリティにかんするいじめを受けたことが要因となり、自死した子どもたちの中に、実際にはLGBTでない子どもたちがいたこともわかっています。その子どものセクシュアリティにかかわらず、LGBTを揶揄する言葉はいじめ・不登校・退学・死につながるのです。日本でも、LGBTの子どもたちの約7割がいじめや暴力を経験したという調査結果が出ています*。

また、特定の選択や言葉づかい、振る舞い方を揶揄されるばあい、子どもはそれらの言動を避け、「自分らしく」振る舞えなくなってしまいます。ありのままの自分でいられないことで、能力を自由に発揮できなくなったり、将来の選択の幅を狭めることにもつながりかねません。

＊ LGBT当事者を対象としたインターネット調査、「LGBTの学校生活に関する実態調査(2013)結果報告書」によると、全回答者の約7割が「身体的暴力」「言葉による暴力」「性的な暴力」「無視・仲間はずれ」のいずれかを経験しています。さらに、性別違和のある男子では、いじめや暴力を経験した割合は8割以上にも上ります。

●学習機会を奪っている

「LGBTである」と周囲から思われることで嫌がらせを受けたり、身の危険を感じたり、いじめを受けたりするのでは、安心して学校に通えません。強いストレスは成績などにも影響します。アメリカのGLSENによる調査では、LGBTである（と周囲から思われる）ことでいじめられていた生徒は、そうでない生徒にくらべて成績が低いという結果が報告されています*。LGBTにかんするいじめが理由で安心して学校に通えないことは、子どもの学習の権利が奪われていると言わざるをえません。

＊ GLSEN (2014)「National School Climate Survey report」

●相談できない子どもがいる

「うちの学校には LGBT の子どもたちへのいじめなんてありません」という先生がいます。でも、本当にそうでしょうか？　そもそも、LGBT の子どもたちの存在が認識されていない現状に加え、いじめられた経験のある LGBT の人たちのうち、担任の先生に相談したという人は 19％にすぎません*。その背景には、学校に言っても何もしてくれない、報告すると余計にいじめられるという思いがあるためです。

＊いのちリスペクト。ホワイトリボン・キャンペーン (2014)「LGBT の学校生活に関する実態調査 (2013) 結果報告書」pp.4-6

考えてみよう

①いじめにつながる行動を発見した

先生が教室に入ると、黒板にクラスの男の子同士の相合傘が書かれていた。
この現場を目撃したとき、あなたはどのような対応をしますか？

②子ども同士のいじめ

子ども A：**お前女っぽいよな？　ほんとにチンコはえてんのかよ！？**
子ども B：**証拠見せろよ**
（子ども C のズボンを脱がそうとする）
子ども C：**やめてよ（抵抗）**
この現場を目撃したとき、あなたはどのような対応をしますか？

③先生からのいじめ

子ども A：**○○と○○ってホモらしいよ！**
あなた：**どうしてわかるの？**
子ども A：**だって B 先生が「あいつら仲いいからホモっぽい」って言ってたもん！**
あなたは、子ども A と B 先生にどのような対応をしますか？

LGBT へのいじめがない学校づくりのためにできること

- **LGBT は人権課題と認識したうえでの対応**
  教育現場でも LGBT が「笑いの対象」とされることは多くある。これらの言動は人権課題であることを認識し、そのつど、その言動を指摘して指導する。
- **相談しやすい先生**
  LGBT へのいじめがない学校づくりの第一歩として、「相談できる」先生・学校であることが必須（104 〜 107 ページ参照）。養護教諭やスクールカウンセラーと共に対策チームをつくる。

LGBT学生たちの声

●「もう学校に行くの、いいや……」
「男性が好き」という自分の気づきよりも先に、「オカマ」と言われていた。話し方とか物腰の柔らかさとかでオカマと言われていたのではないかな。小3から学校行かなくなって、小6から復帰。でも節々で「女の子っぽいよね」って言われたりしたから、「どうしたらばれないんだろう」って考えて、「じゃあ声低くしたらいいんじゃないかなあ」って思って……。声低くする練習したんだけど、そしたら逆に「なぜ、そんなに声低いの」みたいに言われるようになって、しゃべるのがいやになった。そういうのがちょくちょく続いて中2の夏にもう学校行くのいいや、って思って行かなくなった。
【M.G・21歳・便宜上はゲイ】

●女子更衣室に入れてもらえない？!
中1のとき、好きな女性がいて、日記感覚で手帳に「今日は○○と話せてうれしかった」と書いてあるのを他の女子に見られて「こいつレズだ」と騒がれた。それがクラスの女子内に広がって、「女子更衣室に入るな」と閉め出されるようになった。でも、担任の先生に「女子更衣室に入れてもらえなくなったので、教員の更衣室で着替えていいですか？」って聞いたら、先生が女の子たちを叱ってくれて、それからは更衣室を使えるようになったし、あまりからかわれなくなった。
【アイコ・22歳・レズビアン】

●先生によるいじめ
制服がスカートですごくいやだった。髪を坊主ぐらいに短くして学校に行ったら、先生に「なんだその髪は。もっと女らしくしろ」と言われ、冷たい水が入ったバケツの中に頭をつっこまれた。
【K・25歳・FtM】

●LGBTであってもなくてもトラウマになることも……
中1のとき、技術の先生が授業中に、しぐさが少し女の子っぽくて周りから「オカマ」と呼ばれていた男の子と、その隣の席の男の子を一緒に立たせて、「はい、ホモカップル完成！」と言って笑いを促したことがあった。クラス全体がどっと笑って、まだ自分のセクシュアリティを自覚する前だった当時の私も笑った。笑いを取るのが上手い人気者で大好きな先生だったんだけど、いま考えると彼は教師として非常に危険なことをしたと思う。その「おかま」と呼ばれていた男の子がLGBTだったのかどうかはわからないけど、そうであってもなくても、クラスの真ん中に立たされて、立ち振る舞いや人間性を笑われたわけだから、トラウマになってもおかしくないのでは……。子どもたちもそういう経験を一度してしまうと、「LGBTの人ってそういうふうに笑い者にされる人たちなんだな」「笑いの対象にしてもいいんだな」と刷り込まれてしまう可能性は大いにあると思う。【はるか・23歳・パンセクシュアル】

●いじめられないように男の部分を隠していた
いじめられていた。「男みたいできもい」「レズ」「ほんとに女なのか？」と制服を脱がされてからだ見られたり、上履きをトイレに入れられたり。1年くらいでいじめはなくなったけど、それ以降も「男っぽいね」と言われると、「こんなこともできるよ」と変に女の子ぶって、自分でカバーしたりしていた。「変」とか「ふつうでない」と思われるのがこわかったから、「男の部分」が見えたら、隠そうとしていた。仲良くする事を努力して、みんなにとけ込む事を意識していた。【K・25歳・FtM】

●クラスで孤立、いじめ

「男子ノリ」みたいなのが得意じゃなかったり、男女分けで遊ぶのも苦手で、クラスから孤立しはじめた。それが悪化して中2の頃からいじめが開始。当時はわからなかったけど、いまから考えるとセクシュアリティに由来した人間関係のむずかしさが一因なんだな、と。【スバル・22歳・男性同性愛者】

●性的な嫌がらせも……

マンモス校だったから、理解してくれる人もいたけど、中には後ろからくっついてきて腰ふってきたりとか、嫌がらせをする人もいた。【あつひろ・20歳・ゲイ】

●自分も傷つけられているようだった

高校は男子校だったんだけど、すごく好きな人（男子）ができた。中学のときの「あの人かっこいい」みたいなのとはちがって「めっちゃ好きじゃん」みたいな。知識がないから、周りが冷やかしや茶化しで使う言葉や意味しか頭にうかばなかったから、悪いことなんだなって。すくなくとも肯定的には受け止められなかった。そう思ったときの自分をあまり好きじゃなくて、すごくさびしかった。だれにも相談できなくて。高校2年のとき、ある生徒の鞄に同性愛の本が入ってるのが見つかった。学校中に広まって「あいつきもいな。ガチホモじゃん」みたいにいじめられた。先生たちも「あいつやばいからな」みたいなことを言っていた。それを聞いて、自分も（男性に恋をして）同じ立場にいるから、すごくモヤモヤして、自分が傷つけられているようだった。なによりも先生が言った「あいつおかしいから」という言葉を自分に置き換えて、「自分もおかしいのかな。自分もおかしいと見られているのかな」とすごくつらかった。【M.N・22歳・バイセクシュアル】

●いじめの項目の中に性別やセクシュアリティのことも入れてほしい

「相談していい項目」や「いじめの項目」の中に、性別やセクシュアリティのことも入れてほしい。たとえば、「女っぽい」などのジェンダーの押しつけは悪口だってことも明記してほしい。「女っぽい」っていうのは、「ばか」とかの根拠のないものとちがい、「事実だし、相談しても男らしくしなさいっていわれるだけだろう」って、相談をしないケースがあるだろうから、「相談していいんだよ」とちゃんと伝えてほしい。【ハル・23歳・ゲイ】

23 LGBTとこころの健康

LGBTの子どもたちのメンタルヘルスケアは緊急度の高い課題です。たとえば、ゲイ・バイセクシュアル男性の約65%はこれまでに自殺を考えたことがあり、15%前後は実際に自殺未遂の経験があると報告されています(19ページ参照)。また、性同一性障害の人の約59%が自殺を考え、約28%が自傷や自殺未遂を経験していると報告されています(19ページ参照)。これは当事者たちにLGBTについての正しい知識や社会生活を送るうえで必要な情報が提供されていないこと、LGBTへの差別が存在していることと無関係ではありません。

●自尊感情の低下

社会的に存在するLGBTへの差別や周囲の人の無理解、いじめ、将来への不安など、LGBTの子どもたちの自尊感情を低下させる要因は日常の中に数多く存在します。自尊感情の低下によって、主体的に物事に取り組めなかったり、将来に対して夢や希望をもてなかったり、人間関係の構築に支障をきたしたりします。

●自傷行為

自傷行為は、流れる血を見て生きていることを実感したり、だれにもぶつけられない怒りや不安の代償として自分を傷つけたり、苦しんでいることをだれかに気づいてほしいという心の叫びの表現であったりもします。

自傷行為はリストカットだけではありません。刃物によらず自身のからだを傷つける(爪を噛む、髪を抜く、ささくれやかさぶたをむくなど)、薬物やアルコールの過剰摂取、望まない性行為など「自分がやってはいけないと思うこと」をあえてする行為も自傷行為といえます。習慣化すると飲酒、喫煙、自傷行為、性行為、ギャンブル、暴力、恋愛、過食・拒食など、自分を傷つけていると自覚しながらも、自分では止められないアディクション(嗜癖)と呼ばれる状態になることがあります。

2017年10〜12月に三重県の高校2年生を対象にした調査では、LGBTの31.7%が「わざと自分の体を傷つけたこと」があると答え、LGBTでない人の回答12.0%を大きく上回っています*。

*日高庸晴・三重県男女共同参画センター「フレンテみえ」(2018)「多様な性と生活についてのアンケート調査」p.23(有効回答数10,063人)

●希死念慮

死にたいという願望をもっているかどうかは、他者が判断できることではありません。元気そうに振る舞っている子どもが、実は死にたいと思っているケースもあります。心配をかけたくない、干渉されたくない、表現の仕方がわからないなどの理由から、わざと何ごともないかのように振る舞う子どもも多くいます。

●自殺企図・自殺未遂

実際に、自殺を図る子どももいます。準備までして行動に移さず生き抜いた子ども、実行したけど生き抜いた子ども、実行して亡くなった子どもがいます。生前にカミングアウトしておらず、自殺の原因がセクシュアリティに由来しているとは気づかれないばあいもあります。

●精神疾患

自尊感情の低下、無力感・不安感、いじめなどさまざまな要因が複合的に作用し、精神疾患を発症する子どももいます。性同一性障害の人の16.5%が精神疾患をもっているなど、LGBTでない人たちと比較するとハイリスク層であることがうかがえます*。

*中塚幹也（2010）「学校保健における性同一性障害：学校と医療との連携」『日本医事新報 (4521)』、pp.60-64

こころの健康を守るためにできること

- メンタルヘルスについての知識をもつ。
- 心の状態は見た目だけではわからないということを意識する。
- 自傷行為などしている子どもがいたばあい、その行為を否定するのではなく、その理由を傾聴したうえで、改善策を一緒に考える。
- 専門機関（医師、カウンセラー、自助団体、電話相談など）につながるよう提案する。
- 相談を受ける側の保護者や教職員なども、1人で抱え込まず相談機関や専門家に援助を求める。
- 必要に応じて養護教諭やスクールカウンセラーと共に対策チームをつくる。

LGBT学生たちの声

●怒りの矛先を自分に向けた結果、自傷行為に……

中学の頃、自傷行為をしていた。怒りの矛先を他者に向けられなくて、自分に向けていた感覚。アイデンティティクライシスだった。それに担任が気づいて、「大丈夫か?」と聞いてきた。とりあえず声をかけたような、あまり心配してない感じだった。優等生のままでいたくて「大丈夫じゃない」とは答えられなかった。そのとき、「たすけて」って言えなくて、大人に頼れなくてからだに思いをぶつけてるんだと気づいた。抱えてるものを打ち明けたときに、自分の経験や気持ちを否定されてしまうのがこわかったから。【瑛真・21歳・FtX パンセクシュアル】

●生きていく方法がわからない

「死にたい」っていうより、生きていく方法がわからなくて……。クラスの中ではいつも明るく楽しい「女子」を演じてたからだれも気づいてなかっただろうけど、だんだん過呼吸がひどくなったり、見えないところへの自傷行為が増えていった。高2の学校帰り、気づいたら電車に飛び込もうとしていたときがあった。ほんとに無意識だったから死にたかったのか、過呼吸でぼーっとしていただけなのかわからないんだけど。顔すれすれで電車が通り過ぎたとき、「あ、限界なんだな」って思って、つぎの日に髪ばっさり切って、男として生きることを決めた。【やっくん・23歳・トランスジェンダー男性 パンセクシュアル】

●ずっと見えないところで自傷してた

目に見えないけど大変な状態ってあると思うんです。「みんなお前みたいな生徒だったらいいのにな」って先生に言われるくらい"いい子"だったけど、見えないところで自傷はやめられないし、「いっそ誰かが殺してくれればいいのに」っていっつも思ってた。中2からカッターで自傷行為をしはじめた。夏には市販薬を2箱買って、夜にこっそり飲めるように用意していた。日にちもずっと前から決めてたけど、結局いろいろあって飲めなかった。高1からは毎日カッターを離せない状態になってた。ダンス部で肌の露出が多いから、衣装で隠れる位置を人にばれないように切ってた。高2の秋くらいから、教室にいても切らないと冷静でいられないようになって、そういうときはお手洗いに行って切ってた。高3の秋から卒業にかけての時期、進学先とかも決まってたんだけど、ウィスキーをロックで飲んでからじゃないと布団に入っても寝れない時期が続いた。でも、酔うわけではなくて、安心するから飲んでただけだけど。自傷してたときにもしバレて、無理やりやめさせられてたら、それこそはけ口がなくなってたと思う。趣味で自傷してるわけじゃなくて、"する"ことで緩和される何かがあるからしてたから。中3の個人面談で、心理検査の結果が返って来て。最後の質問が「死にたいと思うことはあるか」という質問で。それに「ある」って答えたいけど、先生とかに変に気にされるのもいやだったから、そこが「ある」って回答になるように、全部同じ記号にチェックつけて提出してた。たぶん他の先生だったら「ちゃんと回答しなきゃだめでしょ」って言ったと思うけど、その先生は、その回答の部分だけ見て「どんなときにそう思うの?」ってまっすぐ聞いてきて。本当は少しうれしかったけど、まだ話せる気持ちじゃなかったから「分かりません」って言ったら、「分かった。話したくなったら教えてね。」って待ってくれた。1年後、廊下で会ったときとかも「最近どうなの?」ってさりげなく「話を聞けるよ」ってスタンスを見せてくれる先生だった。【原・21歳・パンセクシュアル】

●精神科でのカミングアウトもストレスに

高2のとき、同性との恋愛関係のもつれを中心に、他の色んなもめごとも重なって、心身に影響が出てきた。精神科に通いはじめたけれど、病院でもお医者さんにカミングアウトするのがこわくて、恋愛のことは相手の性別をぼかして話していた。ようやくカミングアウトができたのは、通院してから4年後。「そういうのはこちらの印象が変わるので話してくださいね」と言われた。先生が勝手に「相手＝男性」をイメージしていただけなのにな、と思った。精神的にまいっているときは、症状や近況を話すだけでもつらい。それに加えて「カミングアウトするかどうか」という選択肢が常につきまとうのは大きなストレスだった。【アイコ・22歳・レズビアン】

●「男性と性行為をすれば女性になれるのでは」と思った

性別に対する違和感がずっとあったため、「男性と性行為をすれば（性別に対する）違和感が解消されるのでは」と思い、男性と性行為した。でも、女の子になれるわけでもなかった。性の悩みをだれに相談したらいいのかわからず、無理に男性と性行為をしたり、つき合ったりをくり返していた。【K・25歳・FtM】

●ネットやアプリでの危険な出会い

東京に出てきて、とにかくLGBTの人とつながりたくて。でもどうやったらつながれるかわからなくて、アプリを使ってゲイの人と出会った。どんな人かわからないし、すごくこわかったのを覚えている。でもLGBTの人と知り合う選択肢はそれしかないと思っていたから。肉体的な関係になっても、長続きする関係はむずかしいから、「また、会いましょう」っていう連絡が来ても、「会った後には何かあるんだろうな」って、むなしさがすごくあった。仲間とか友だちがほしかったのに、そういう安全な出会いはないんだろうなって思っていた。好きじゃない人ともやっていた。いやだけど、そういうものなのかって思っていた。会って、やって、連絡来なくなると、「価値って肉体にしかないのかな」って思っちゃうし、価値を確かめたいなって、また人に会って、でもそういう流れになっちゃって、「ああ……」ってなる。【ハル・23歳・ゲイ】

24 自分を好きになったきっかけ

LGBTの子どもたちが自分を肯定できるようになったきっかけとはなんでしょう。それらは他者とのかかわり、人間関係の中で生まれることが多いのです。

●聞いてもらえた

LGBTの子どもたちにとって、「話しても理解されないのではないか」「他の人にばらされたらどうしよう」などの心配から、だれにも話せず抱え込んでしまうことはすくなくありません。安心して自分のことを聞いてもらえることが、自己肯定感が生まれる大きなきっかけになります。

●肯定してもらえた

自分で自分を肯定することがむずかしく、ありのままの自分でいられる場所や人間関係をもちづらいLGBTの子どもたちにとって、ありのままの自分を肯定してもらえる場所や、「理解してもらえるんだ」と思える相手との人間関係は、自己肯定が育まれるきっかけになります。

たとえば、カミングアウトをして受け入れられることや、LGBTに対する好意的な発言を聞くことはLGBTの子どもたちにとって励みになります。

●正しい情報を知ることができた

LGBTにかんする間違った情報や、否定的な情報が社会にあふれています。これらに触れたLGBTの子どもたちは、自己否定感が植えつけられてしまいます。ぜひLGBTにかんする書籍や専門の相談機関、自助団体などを通じて正しい情報を得られることを伝えてください。

「自分以外にもLGBTの人たちがいた」「"ふつう"に生きているLGBTの大人たちがいる」という実際の情報は、自分の生きていく方向を考えていくうえでとても参考になります。

● LGBTの人たちや理解者・支援者に会えた

　LGBTの子どもたちが多くの情報に接する機会や、肯定的な人間関係を育むことができる場、安全に仲間づくりができる場が増えてきています。専門の相談機関やインターネットから、LGBTの人たちやその理解者・支援者が集まる会の情報を得ることができますが、まずは日常においても正しい情報が発信されることが重要です。適切な情報が不足していると、仲間を求めて出会い系サイトなど子どもたちにとって危険が多い場所にアクセスし、実際に被害にあうケースもすくなくありません。そのような事態を防ぐためにも、子どもたちに理解者や支援者の存在を伝えることが重要です。

自分を好きになるためにできること

・子どもたちの身近にいる大人や先生が相談しやすい存在であることは重要。
・必要に応じて、正しい情報や相談機関を教える。
・どの子どももLGBTにかんする相談機関や情報につながれるよう、情報提供を行なう。

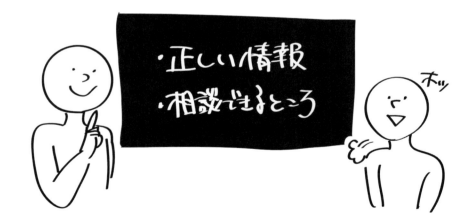

LGBT学生たちの声

●自分の悩みを肯定的に回答してくれた
中学校の頃、ガールズラブのマンガ雑誌のお悩み相談コーナーに当時好きだった女性のことを投稿。返ってきた回答は肯定的で、いまでも励みになっている。同性同士であるということにばっかり着目されず1対1の人間関係っていう観点で相談に乗ってくれてうれしかった。【アイコ・22歳・レズビアン】

●わかってくれる人がいた！
高2の頃、クラスの友人にはじめてカミングアウトした。震えながら「性同一性障害だと思う」と言うと、間髪入れずに「やっくんはやっくんでしょ」と。自分ですら肯定できていないことを、肯定してくれる人がいるんだ、と。それまでは「だれもわかってくれない」と思い込んでいたけど、そうじゃないことを知った。【やっくん・23歳・トランスジェンダー男性 パンセクシュアル】

● LGBTについて扱う授業を選択できた
高校の選択授業で社会問題やマイノリティについて学ぶ授業があって、1年間で扱う全部で15個くらいのテーマのうちの1つが「多様な性」だった。セクシュアリティについてはっきりと悩み出す前から興味のある分野だったので受講した。偶然にも、同性の先輩を本気で好きになって悩みのピークに達していた時期にちょうど授業で「多様な性」を扱う順番が回ってきたから、悩みながらも同時進行でLGBTについての正しい知識を取り入れることができた。この授業があったおかげですぐに先生に相談できたし、わりと短期間で自分のことを受け入れることができたんだと思う。
【はるか・23歳・パンセクシュアル】

● Webサイトでは出会い系サイトしか見つけられず……
高3の時、「レズビアン」をWebで調べたけど、出会い系サイトしか見つけられなかったし、そういう人がいるって思える情報じゃなかった。実際にいるって思えるまでにすごく時間がかかった。一目会えていたら、現実味をもててそんなに苦しまなくてすんだと思う。【山瀬・20歳・レズビアン】

● LGBTの人が実際にいることを知れた安心
保健室の先生に彼女との関係について相談したら、「私の友だちにゲイの人がいる」って話してくれた。実際にいることを知れて、フィクションじゃない話を身近な人から聞けたのがうれしかった。
【アイコ・22歳・レズビアン】

●6色のレインボーがつなげてくれた仲間たち
大学2年生のとき、英語の授業のときにふでばこに6色のレインボーのストラップをつけている人がいたから、話しかけた。それから、他のイベントでも同じ学校の人とじょじょに出会っていき、どんどん大学でのコミュニティが広がっていった。そのメンバーで、大学にLGBTサークルを立ち上げることとなった。【ちぃ・23歳・ポリセクシュアル】

●大学のサークルではじめて出会った自分以外の LGBT

大学に入って、ネットで知った LGBT の学生サークルに入った。LGBT の人に会ったのはそのときはじめてで、「俺以外にもいたんだ」って思った。それまではエロサイトしか情報源がなかったから。そのサークルで、X ジェンダーって言葉を知って、そのときけっこうストンと腑に落ちた。【M・24 歳・MtX ポリセクシュアル】

●「プライドパレード」で LGBT を知って

大学入学後「プライドパレード」を知って、ボランティアとして参加した。LGBT という概念を知って、「他にも自分みたいな人がいるんだ、罪悪感をもたなくっていいんだ」って。「LGBT の1人でいいんだ」って思えた。【いくみ・22 歳・男でもないけど女でもない】

●電話相談のおかげで安心できた

幼い頃からゲイであることにずっと悩んでいた。悩みの期間が長かったから思春期でいきなり悩みだすというよりは、ずっと穏やかに、「人生計画どうしよう、これから先どうしていったらいいんだろう」という感じかな。なんかいろいろ重なってつらくなって、自殺も考えていた。LGBT 支援の NPO がやっている電話相談にかけて、「不安だったら会いませんか?」って言ってもらった。そのときは「いいです」って言ってしまったんだけど、そう言ってもらえるだけですごく安心するんだよね。19 年間ずっと悩んでいたけど、実際声に出してだれかに伝えたのははじめてだったし。それをちゃんと聞いてくれる人がいるということもわかって、すごく安心した。【M.G・21 歳・便宜上はゲイ】

●留学先で出会ったレズビアンの先生

大学には LGBT のサークルがあって、その新歓に行ったときに、いろんな LGBT の人に会った。その頃から、LGBT であっても、楽しい生活があるかもって思うようになって。それで、同性婚がはじめて認められたマサチューセッツ州への留学を決めたの。向こうでは、ゲイとかレズビアンとかが学校内で手をつないでいるのはあたりまえだったから、行ってすごくよかった。ただ、留学中に同性婚がテーマになった授業で、「同性愛は病気だ」とか、「治すべきだ」とか言う子がいて、友だちだったからこそすごくショックを受けた。担任の先生にその話をしたら、すぐにレズビアンの先生を紹介してくれて、つぎの日会いに行ったのね。その先生から、「ひどいこと言う人もたくさんいるけど、社会で生き抜くためには、自分自身が強くならないとダメだよ」と諭されたの。そのとき、いままで状況ばかりを気にしてたことに気づいたの。周りがみんな結婚するから自分も結婚しなきゃとか、いつかは子どもを産まなきゃいけないとか。だから、その先生の言葉は、自分が本当にしたいことを見つめるきっかけになったかな。【ろっこ・23 歳・レズビアン】

●トランスジェンダーで同性愛の人もいると知れて

高2まで家にパソコンがなくて、情報収集はもっぱら本。中1から地元の公立図書館にある GID 関連の本を片っ端から全部読んだ。自分がトランスジェンダー男性であることは早々に納得したけど、トランスジェンダー男性の人のエピソードの多くが、「女性が好きで同性愛なのかと思った」とか「結婚できなくて悩んだ」といったもので、そのときに「俺は男性が好きだけど、トランスジェンダー男性を名乗っていいのかな?」と思った。トランスジェンダー男性でいるために女性を好きになろうとしたこともあった。でも大1のとき、ジェンダーの授業でトランスジェンダー男性の数パーセントはゲイだという研究結果を発表している先生がいて、はじめて自分のセクシュアリティに納得できたし、このままでいいんだと思えた。【なっさん・23 歳・トランスジェンダー男性 ゲイ】

25 カミングアウトするとき、どんな気持ち？

なぜ、カミングアウトをするのでしょうか？　もちろん1人ひとりその理由はちがうと思います。また、カミングアウトはしなければならないことではありません。カミングアウトすることもしないことも、またその範囲の決定も、本人が選択できるべきことです。カミングアウトは生きやすい環境をつくるためにとれる1つの手段ですが、周囲の対応によっては生きにくい環境が生まれてしまうこともあります。

●カミングアウトとアウティングのちがい

カミングアウトは、自身のセクシュアリティをだれかに伝えることです。社会の規範や周囲の無理解などから自分のセクシュアリティを隠さざるを得ない状態を「クローゼットに押し込まれている状態」にたとえ、そこから出るという意味の「coming out of the closet」という表現が由来です。

また、本人の同意なくだれかが第三者にその人のセクシュアリティを伝えてしまうことを「アウティング」といいます。セクシュアリティをカミングアウトした子どもは「あなた」を信用して話しています。だからこそ、「アウティング」をすることは信頼関係を崩しかねません。

●カミングアウトするときってどんな気持ち？

カミングアウトするときの気持ちは100人いれば100通りありますが、おおむね2つに大別できます。

① 「知っていてほしい」型

「大切な人だからありのままの自分を話しかった」「もっと自分を知ってほしかったから」「何かをしてほしいのではなく、ただ知っていてほしかった」「信頼しているからありのままの自分を開示したかった」など、言い方はさまざまですが、対応を求めているのではなく、自分のことを知ってほしいという動機でカミングアウトをします。

カミングアウトをすると、「どうしてほしいの？」と聞かれることもよくありますが、緊急に対応を求めているのではないばあいもあります。ありのままの自分を受け入れてもらうことで、生きやすくなるのです。

②「困っている」型

　困っていることがあり、対応をしてほしくて、カミングアウトをするばあいもあります。たとえば、トランスジェンダーの子どもが、ただ「制服がいやなので私服で登校したい」とだけ訴えても、その真意や求めている対応策は伝わりません。困っている内容や求めている対応策を相手に伝えるためにカミングアウトするばあいがあります。

　困っている内容を傾聴し、一緒に対応策を考えてください。

●カミングアウトしないといけないの？

　カミングアウトはしないといけないことではありません。またすることが「いいこと」という訳でもありません。あくまでもLGBTの子どもたちにとって1つの「選択肢」でしかありません。カミングアウトをすることで周りにうそをつかなくてすむ、トランスジェンダーのばあいは自分の望む性別で対応されるなど、カミングアウトをきっかけに生きやすくなるばあいがあります。しかし、相手に理解がなかったばあいに疎遠になる、居場所がなくなる、いじめられるなど人間関係に支障をきたしたり、カミングアウトがきっかけで生きづらくなってしまうばあいもあります。

　また、LGBTの子どもたちにとって自身のセクシュアリティが重要なアイデンティティであり、人間関係構築においてそれを伝えることに大きな意義を感じる人もいます。しかし反対に「積極的に言う必要はない」と感じる人もいます。

　大切なのは、カミングアウトをする／しないの判断を自分でできるようにするために、知識や情報を得ることです。

●カミングアウトって一発勝負なの？

　カミングアウトはセクシュアリティを伝えたうえで互いに人間関係を構築したり、出会い直すプロセスとしてとらえることができます。一度のカミングアウトでその後の人間関係がスムーズにいくばあいもあれば、良好な人間関係を築くまでに数年〜数十年かかるばあいもあります。

　相手の反応がよくなかったり、うまく受け止められなかったりしても、期間をあけたり、何度もくり返し対応することで、次第に状況がよくなることもあります。

●最初に相談した相手

　LGBTの子どもたちにかぎらず、だれに相談したらいいかわからない問題は、まず保健室の先生やスクールカウンセラーの先生に話してみよう、と思う子どもたちがとても多いのです。LGBTの子どもたちにとっても養護教諭やスクールカウンセラーが「最初に相談した大人」になったケースはすくなくありません。

　また、自分自身がLGBTであることを打ち明けた相手の67%は同級生となっている*ことから、すべての子どもたちに性の多様性について伝えることの重要性がわかります。

＊いのち リスペクト。ホワイトリボン・キャンペーン(2014)「LGBTの学校生活に関する実態調査(2013)結果報告書」p.5

●正確な情報や適切な相談先を見つける

　LGBTの子どもたちが情報を収集したり、LGBTの人たちと交流できる場はたくさんありますが、LGBTに関連するインターネットの情報には正確でないものや危険なものもあります。130〜133ページなどを参考に、子どもが自分を肯定できる情報を得られる書籍や、電話相談、ピアサポート団体などを必要に応じて伝えてください。

　また、相談を受けた人が1人で抱え込んでしまい、つらくなってしまうこともあります。ためらわず、個人を特定されない範囲で相談機関へ相談しましょう。

LGBT学生たちの声

●セクシュアリティは、知ってほしい私の特徴の1つ
自分を構成する要素の中にセクシュアリティという要素がある。自己紹介のときの3番目、所属団体、所属学校のつぎくらい。他人に知ってほしい私の特徴の1つだと思う。【上中彩慧・21歳・レズビアン？／バイセクシュアル（決まっていない）】

●自分の全体を見て、話を聞いてくれる先生がいてくれたら幸せ
とくにクラス担任の先生って（僕の）全体を見てくれるから（僕のことを）たくさん知っている。親にも言えないことも話しているから、親より知っている存在かも。自分を少し上から俯瞰してくれる人がいるとすごく安心する。単純に自分のことを知ってほしかった。とくに中学のときは自分が女の子も男の子も好きで（自分が）わからない、と不安になっていた。そういう雑談とかをしてくれる先生がいたらむちゃくちゃ幸せだったと思う。【M.N・22歳・バイセクシュアル】

●保健室が相談のハブとして機能してくれたら……
話す人がいなかったから、苦しんだ。スクールカウンセラーとか保健室の先生とかがLGBTフレンドリーで身近でいてくれたら相談しに行けていたかも。担任の先生にはこわくて言えない。その後の授業とか学校行事でもかかわるし、否定されたら学校生活に支障出るのでは、と。保健室の掲示物にLGBTのことを書いてほしかった。情報源になるし、LGBTフレンドリーであることもわかるから。あと保健だよりとかだと親も読むし。相談のハブとして保健室が機能したらすばらしいよね。【あつひろ・20歳・ゲイ】

●なにかしてほしいわけじゃない……
「カミングアウトしようかな」って思ったときはあったけど、結局だれにも言えなかった。自分の全部を知ってもらったほうがそりゃあ楽だけど、「なぜ言う必要があるの」と言われたときに、それらしい答えがよくわからなかった。友だちが離れていくリスクを考えたときに、言って何かが変わるメリットがないなら言う必要ないなって。でも、何でも相談してよって言われるたびに、「セクシュアリティのこと言ったらどうなんだろ。でも、言えないよな」って……。そのたびに「自分の中では言えない闇があるんだな」って。LGBTだよってことをカミングアウトしても、だからどうしてほしいっていうわけじゃないこともある。すべての子がケアしないといけない対象ではなく、自己開示の1つでしかないばあいもある。「カミングアウト＝相談に乗りましょう」、ではなく、「会話しましょう」の合図だと思っている。【ハル・23歳・ゲイ】

●ただ知ってほしかったから……
高2のとき、はじめてカミングアウトした。知ってほしかったから、という感じ。どう話を切り出していいかわからなかったけど、「男好きなんだよね」みたいに単純に言った。相手は言葉選んでる雰囲気はあったけど、「話してくれてありがとう。あつひろくんはそれでもあつひろくんだしなにもかわらないから、私が離れるわけじゃないからね」みたいな反応で安心した。【あつひろ・20歳・ゲイ】

●保健室を LGBT 教育の拠点に

保健室の役割を LGBT 教育の拠点にしたらどうかなあって思っている。悩み相談できる場所、みたいな感じで。保健室だったらからだの相談かこころの相談かわからないから、行きやすい。カウンセリングルームが学校にあったんだけど、昼休み時間だけだし、みんなが校庭から帰るときに「だれいるんだ？」って覗くから、絶対行けなかった。【M.N・22 歳・バイセクシュアル】

●一度は拒否されたけれど……

偏見をもっている人で、絶対に言えないなって思う人もいる。一番仲良かった人は、「そういう人たちがいてもいいけど、否定もしないけど、私のかかわるとこに来ないでほしい、私の世界に入り込まないでほしい」って言われた。「いやだ」って言う人に対して、無理に言う必要もないと思う。いやだということを無理矢理押しつけるのも、関係が崩れるのもいやだし。話せない部分があることは悲しいけど、隠しているわけでもなく、言っていないだけという感覚。相手が勝手に私を異性愛者であると勘ちがいしているだけ。大学に入ってから仲良くしている人たちがいて、恋バナになったときにカミングアウト。1 人はパニックになって帰っちゃった。でもそれからも友だち関係は続いたし、月 1 で飲みに行くのも変わらなかった。後日その人が「あの時（カミングアウトされた時）は受け入れられない自分の器が小さいと言われているみたいで耐えられなくて帰った。でも次の日の授業中に調べてみた」と言ってくれた。以前は「そういう人は気持ち悪い。人じゃない」みたいに言っていたのに。私が投げたボールをいったんは避けたけど、後から走って拾いにいってくれて、うれしかった。【ちぃ・23 歳・ポリセクシュアル】

●カミングアウトしてから、着替えや制服が気になり出した……

高校のときに、小学校からの友だちだった子にカミングアウトしたら、「そうだと思ってたからさ」みたいな。それ自体はうれしかった。でも、それまでは女子校に同化していたけど、「自分は女性とはちがう」って明確に言ったことで居心地が悪くなった。相手に言った以上、体育の授業で着替えているとき、以前は気にしていなかったけど、だんだん周りが気になってくるし、制服で教室にいることもいやになってきた。「おまえ男なのになぜ、スカートはいてるの？」って目で見られている気がして。友だちの肩をポンっと叩く程度のことでも、カミングアウトしてる友人に「おまえ、最近ボディタッチ多いって言われてるよ」と忠告っぽいことを言われたりした。自分が過敏になってただけかもしれないけど。【Y.N・22 歳・FtM アセクシュアル】

●カミングアウトは一回じゃない

高校を卒業してから、女の子とつき合いはじめたんだけど、共通の友だちにカミングアウトしたとき、最初拒絶されたのが一番ショックだった。言葉では「あ、そうなんだ」って感じなんだけど、あきらかにびっくりしていた。LGBT であることを許容してもらえないのはしょうがないとしても、カミングアウトしたことによって友だち関係が崩れたことがショック。数カ月後、その友だちが「ごはん行こうよ」って言ってくれて、ぎくしゃくながら、いまはだいぶ戻ったけど、いまも彼女とつき合っている話は出ない。ゆっくりだけど、ほんとに戻ってよかったと思う。【たこ・21 歳・バイセクシュアル】

◆【対談】子ども×親 スバルさんと母

スバルさん、22歳。大学進学で上京をした頃に「男性同性愛者」だと自覚。「これは一生悩み続ける問題なんやろうな」と思った。大学2年の終わりに、母親にカミングアウト。それが、自身のセクシュアリティを肯定的にとらえられるようになる大きなきっかけとなったという……。

──スバルさんはどんな子どもでしたか？

母：スバルは、まじめ。一直線。基本優しいです。家のことも手伝ってくれるしね。「こんなんしたら、この人喜んでくれるかなぁ」ってことをいつも考えている。そういうとこすごいなぁ思います。

──カミングアウトした経緯について教えてください。

スバル：中学の頃から、母親には悩みごととか全部話してて。大学2年の終わりに「オカンに話さなアカンこと、あんねん」って、話しはじめて。緊張で震えてたと思うし、心臓バクバクやった。それまで、友だちにカミングアウトしたこともあったけど、家族に言うっていうのは、やっぱりちがう。いままでずっと育ててくれた人が離れてしまったらっていうのは、友だちが離れるっていうのとはまたちがう重さがあるから。

母：私、そのときお酒飲んでて、テンション高なってたから、「うんうん、わかっとるわかっとる、大丈夫大丈夫！」みたいな感じやったんですよ。

スバル：でも、泣いてたけどな（笑）。

母：カミングアウトを受けて思ったのが、いろんなサイン出してるのに気づかんかったって思ったんですよ。普段から「結婚しない」って言ってるとか、高校のとき、女の子とおつき合いしたけど無理だったとか。それやのに、なんで気づかんかったんやろうって思って。自分の子どもやから、なんでもわかってると思ってたんですよ。でも、そのこころの奥深くのことまでがちょっとわからんかったなぁちゅうのがあって。申し訳なかったなぁと思った。

──お母さんの反応を受けて、どうでした？

スバル：そのときは、あぁ、俺のこと、全部わかってくれたって思ったかな。その後休学して実家に戻ってから、当事者の友だちと会うようになるねんけど、その話とかもふ

つうにしてたんよね。でも、そのときにオカンの笑顔がひきつってて、無理してるのかなっていうのを感じたんよね。ほんで、別のことでケンカになったときにそのことを言ってしまって。「オカン、わかってるフリしてぜんぜんわかってないやん！」みたいな。で、「そんなん言われても、わからんもんはわからんもん！」みたいに言い返されて、こっちも「なんでわからんねん！」とか言って。

──お母さんはどう感じていらっしゃったんですか？

母：スバルがいろいろ説明してくれるんだけど、覚えられへんのですよ。ちゃんとした言葉、ありますやん。言葉を覚えなアカンのかなって、それがしんどかったんです。それに、最初から平然とすべてをホンマに受け止めてたっていうわけではないです。動揺もするし、なんでスバルやねんって思い悩むし。

──なるほど。その後、状況は変わっていくんですか？

スバル：カミングアウトしたときに、1冊本を渡してたんよね。石川大我さんの『ボクの彼氏はどこにいる？』（講談社文庫）を。でも、1年経っても読んでる気配がなかったから、もうべつに責めることもなく、「あれ、俺の本やし、もう読まんと思うから返して」って言ったら、「いやぁ、お母さん、読むわぁ」って。なんか、それがオカンの答えなんかなと思って。読む読まない関係なしに。

母：わたしもどっかでね、変わったときがあったんですよ。なにがあっても、スバルはスバルやんと。スバルは変わるわけじゃないねんから。とにかく、もう、生きていてくれさえしたら、お母さん、それで幸せやと思ったんですよ。

──今後、お互いにどんな関係でありたいですか？

スバル：カミングアウトする前もした後も、母親には基本的になんでも話してきたつもりやから、変わらずに全部話せる関係で。一緒にいろんなことを乗り越えて成長し合っていけたらって思う……かな（笑）。

母：何ができるかわからんけど、見守るのも1つやし。理解していくのも1つのやし。そんなんが少しずつできたらええなと思う。

──最後に、お互いの存在を一言で表わすと？

スバル：自分に一番近い人かなって思う。いままで話してきたこと、今日話したことを全部踏まえて。

母：いままでもそうやったように、私の中では、宝です。

26 相談されたとき、どうしたらいい？

約13〜20人に1人、LGBTの子どもたちがいると言われているにもかかわらず、なかなか社会的に認知されない理由の1つは、「相談できない/しづらい」ことがあります。本書の【LGBT学生たちの声】を語ってくれた人たちの中でも、だれかに相談できたという人は少数でした。それはだれだったら聞いてもらえるのかわからないという理由が大きいのではないでしょうか。

セクシュアリティを周囲に伝えていないため、セクシュアリティから生じてくる悩みや問題をだれにも相談できないことがあります。LGBTの子どもたちにかぎらず、子どもたちのこころの問題を聞き、相談に乗ったり、支援したりできる人が必要です。

❶ 相談されたときの3ステップ

ステップ1　聴く

初めて人に話すという子どもも少なくありません。他の人がいない場所に移動するなど安心して話せる環境をつくり、最後まで傾聴してください。また、「話してくれてありがとう」「一緒に考えていこうね」と伝えるなど、その子が今後も安心して相談できるような声かけをしてください。

ステップ2　いっしょに考える

「知っていてほしい」型のカミングアウトか、「困っている」型のカミングアウトかを確かめましょう（97〜98ページ参照）。困りごとがあるばあいも、その内容は一人ひとり異なります。困りごとや求める対応についてきき、できる対応を考えてください。希望の実現が難しいばあいは気持ちを受け止めた上で、共に代替案を考えてください。

ステップ3　つなげる

相談機関や自助団体、書籍・DVD・ウェブサイトなど、必要に応じて伝えてください。130〜133ページの情報を参考にしてください。相談機関は、相談を受けた人も匿名性を守りながら利用することができます。

❷ 2つの「ナイ」

①決めつけナイ

自分のセクシュアリティを決められるのは、自分だけです。「思い過ごしじゃないか?」「いつか"治る"よ」など、本人のセクシュアリティを否定したり、「だったらレズビアンじゃないの?」など、決定を促したりしないでください。

セクシュアリティは迷ったり、決めないでいたり、いつ変わってもいいのです。なにかにあてはめようとせず、その子をそのままに受け止めてください。

②広めナイ（勝手に共有しナイ）

セクシュアリティが意図せず、他の先生や保護者、生徒に伝わることで学校・家庭・地域で安全に過ごせなくなるばあいがあります。

問題点を考えたり、対策を立てる際にだれかと情報を共有する必要があるばあい、その必要性やだれに話していいかを事前に話し、必ず本人の了承をとってください。ただし、本人の意向に反しても、問題解決のために関係者のあいだで情報の共有が必要なばあいがあります。生命の危険などの緊急性があるばあいや、本人の進路選択や将来に関わるばあい、制度・規則上、問題を共有しないと解決に臨めないばあいがこれにあてはまります。そのばあいは、まず「どうして知られるのがいやなのか」を確認し、「あなたの状況をよくするために力になりたい」と示したうえで、どのような問題の解決に、だれとの共有が必要なのかを伝えてください。

27 今日からできること

　LGBTの子どもたちが自分らしくいられる環境はLGBTでない子どもたちにとっても自分らしくいられる環境です。セクシュアリティにかかわらず、すべての子どもたちにとって、安心して日々を過ごせる学校や社会をつくっていきましょう。悩みを相談できない子どももいるため、相談があった子どもだけでなく、だれにでも同じ対応をし、相談しやすいように声かけをすることが大切です。

❶ 話を聞いてくれる大人

　自分のセクシュアリティについて話すことは、とても勇気が必要です。だからこそ、日常会話の中で、子どもの発言を尊重し、ていねいに話を聞いてくれる大人には相談しやすいのです。

❷ LGBTを笑いの対象にしない大人

　生活の中でLGBTが笑いの対象とされることはたくさんあります。大人自身がしないことはもちろん、そのような場面で注意・指導してくれる大人には相談しやすいと感じます。

❸ 「男性／女性だけじゃない」を知っている大人

　性別を男性・女性の2つに分けない大人や、「男の子／女の子なんだから」という言い方をしない大人には相談しやすいと感じます。

❹ 「異性愛者だけじゃない」を知っている大人

　みんなが異性愛であることを前提とせず、人を好きにならない人や、同性を好きになる人など「好き」の形は人それぞれだと知っていることを、日常の中でも話してくれる大人には相談しやすいのです。

❺ 「性の多様性を知っている」「知りたいと思っている」を伝えてくれる大人

　性の多様性に対し意識や知識があることを示してくれると、「相談しても否定されないだろうな」と安心でき、相談しやすいと感じます。

❻ 多様性への理解が深い大人

民族、文化、家族の多様性について話してくれるなど、人権意識の高い大人はきっとLGBTのことも理解してくれるのではないかなと思い、相談しやすいのです。

「あの子、LGBT？」と思ったとき……

「もしかしたらあの子LGBTかも？」と思うこともあるかもしれません。LGBTであったとしても、カミングアウトのタイミングは一人ひとりちがいますし、話したくない／話す必要性を感じていない子どももいます。「もしかしてゲイなの？」などと無理に聞き出すのではなく、「話しても大丈夫だよ」という雰囲気で待っていてください。相談できるかも、と思える大人がいるだけで、その子どもは生活を送りやすくなります。

相談しやすい環境づくりのためにできること

- LGBTのニュースについてホームルームや授業で話す。
- おたよりで子どもたちや保護者にLGBTの情報を発信する。
- 授業で多様な性について取り上げる。
- 自分の身近にLGBTの人たちがいることを話す。
- この本を読んだことを話す。
- 「彼氏／彼女」ではなく、「パートナー」など性別を限定しない言葉を使う。
- 「いつかは結婚するんだから」「親になったら」など、みんなが結婚や子育てをすることを当たり前のこととしないで、人生設計は多様でいいことを伝える。
- LGBT関連の本を学級文庫や図書室などに置く。
- LGBTフレンドリーのしるしである6色（赤・橙・黄・緑・青・紫）のレインボーグッズを身につけたり、身近に置いたりする。

LGBT学生たちの声

● 先生づてでばれてしまった

保健の先生に友人づてで女の子とつき合っていることがバレたときに、「そういうアブノーマルなことはどうなのかしら?」って言われて変な顔をされた。その保健の先生から他の先生たちに、女の子とつき合っていることが広まってしまった。【しょうこ・18歳・バイセクシュアル】

● セクシュアリティが関係する悩みはセクシュアリティを伝えないと話せない

「LGBTであること」自体が悩みというより、「その要素で困ること」を相談に乗ってほしかった。たとえば、家がジェンダー規範が強く、「家を守ってくれる女性と結婚しなさい」と言われていたことや、親が亡くなったときに「大黒柱になるんだからしっかりしなさい」と言われたこととか。セクシュアリティが関係する悩みは、セクシュアリティを含めて話せないと、結局話せないため、だれにも相談できずにしんどかった。家で息苦しかったから、学校に居場所を求めたけれど、結局見つけられなかった。【たける・21歳・ゲイ】

● 意外と周りにいるのかもしれない!?

(カミングアウトしたとき)意外だったのが、「その気持ちわかる」といってくれる人が多かったこと。「自分もビアンじゃないか、と思ったときもある」「男が格好いいなって思ったことある」みたいな……。マイノリティであるはずが、程度の差はあれ実は多くの人がもっている感覚なのでは、と。まさか自分の友だちにいるとは思っていなかったけど、程度の差はあっても、自分の身の周りにも多いのではと思うと、気が楽になった。【M.N・22歳・バイセクシュアル】

● うれしかった「関係はかわらないよ」ということば

高1のときはじめて同性の先輩とつき合ったの。でも、同性愛に偏見があったから、「彼氏ができた」とウソをついた。それにも限界がきて、2年生のときに友だちにカミングアウトしたら、「私とあなたの関係は変わらないよ」って言ってくれて、うれしかった。【おちえりこ・24歳・好きな人が好き】

● 周囲の友達にカミングアウト

友だちにはカミングアウトしている。仲のいい友だちとかと、好きな人の話とかになると「いるよ、彼女」みたいな。「どんな人タイプなの?」って聞かれて、「よく笑う人。男女ともに」「あ、女?」「うん、バイだから」「あー気づいてたけどね」「なぜ!?」みたいな。【奏・21歳・FtX】

● 聞いてくれた先生の心ない発言で……

最初に制服がいやだって担任の先生に話したときに、「スクールカウンセラーに相談しな」って言ってもらって相談に行ったんだ。とりあえずいやな思いは話せて「うんうん、つらかったね」って言ってもらって楽になった部分はあるけど、話が終わったときに「マトモじゃない」って思っているような発言をされて、すごい悲しかった。俺のことそういうふうに見てたから、話を聞いてくれたんだって思ったら、なんかね……。確かに否定はされなかったけど、真剣に話していたことはわかってほしかった。【光・21歳・FtM】

●僕をきっかけに養護の先生が勉強してくれるといった

ゲイだってことをふまえて進路を決めるときに、大人の意見がほしいって思って養護の先生に相談にいった。「僕ゲイなんです」「LGBTの活動したくて関東に行こうと思うんですけど、どう思いますか」ってカミングアウトした。でも、同性愛と性同一性障害を混同していたのか、ゲイ＝女装みたいなイメージがあったのかわからないけど、「女装したいの?」と質問された。同性愛と性同一性障害のちがいを説明すると、「勉強不足だった、ごめん。これから勉強するね」と言ってくださった。進路の相談をしたいという目的は果たせなかったけど、僕をきっかけにその先生が勉強してくれると言ったこと、また保健室にLGBT当事者の手記を置いてくださったので、言ってよかったと思った。【かずき・21歳・ゲイ】

●学年主任の先生に相談したら「勘ちがいなんじゃない?」と否定

学年主任の先生の対応が悲しかった。女子の制服から男子の制服に変えたいと話をしたとき、話を聞くというよりは「勘ちがいなんじゃない?」と否定的でいやだった。「そんなこと気にしなくていいだろ」みたいな対応をされて、「気にしないですんだらわざわざ話しに来ないよ」と思った。
【光・21歳・FtM】

●先生にとってはLGBTの人が周りにいることがあたりまえ

高校の部活のコーチに、卒業した後にカミングアウトした。「ゲイの友だちいるし、相談したいことあったらいつでも聞くよ」みたいな対応だった。コーチにとってはLGBTの人が周りにいることがあたりまえのことなんだって、言ってよかったなって思いましたね。【たこ・21歳・バイセクシュアル】

●先生からのたすけ舟

中学校で「男・女」って記載に関して、「自分が男だと思う人は男に○つけてください。女だと思う人は女に○つけてください。それ以外だと思う人は真ん中に○つけてください」って毎回言っている先生がいた。みんなは笑っていたけど、今思うとささやかなたすけ舟だったのかな。【羽塚・22歳・レズビアン】

●「あつひろくんらしくていいよね」

中学の卒業制作で手形を押すときがあった。完成したのを見ると、男女でなんとなく分かれていたのだが、俺は女子の真ん中に押してしまっていた。「あつひろくんだけちがうとこにあるよね」と女子が言うと、先生が「まあ、あつひろくんらしいよね」と言ってくれたのがとても印象的で、うれしかった。「自分って何者なんだろう」って思っていたときだったんだけど、「自分のままでいいのかな」みたいな自己肯定のきっかけになった。女子と仲良くしていたんだけど、「男の子なんだから、男の子らしくしなさい」とかも言わない先生だったし。【あつひろ・20歳・ゲイ】

●「男女」じゃなくて「愛し合ってる人」

保健の授業で、性感染症の話のときに「男女の」って言葉じゃなくて「愛し合ってる人」という言い方が同性愛を排除しているわけじゃないのかもと思って、ジーンとした。【しょうこ・18歳・バイセクシュアル】

●先生からのたすけ舟

中学校で「男・女」って記載にかんして、「自分が男だと思う人は男に○つけてください。女だと思う人は女に○つけてください。それ以外だと思う人は真ん中に○つけてください」って毎回言っている先生がいた。みんなは笑っていたけど、今思うとささやかなたすけ舟だったのかな。【羽塚・22歳・レズビアン】

●「あつひろくんらしくていいよね」

中学の卒業制作で手形を押すときがあった。完成したのを見ると、男女でなんとなく分かれていたのだが、俺は女子の真ん中に押してしまっていた。「あつひろくんだけちがうとこにあるよね」と女子が言うと、先生が「まあ、あつひろくんらしいよね」と言ってくれたのがとても印象的で、うれしかった。「自分って何者なんだろう」って思っていたときだったんだけど、「自分のままでいいのかな」みたいな自己肯定のきっかけになった。女子と仲良くしていたんだけど、「男の子なんだから、男の子らしくしなさい」とかも言わない先生だったし。【あつひろ・20歳・ゲイ】

●「男女」じゃなくて「愛し合ってる人」

保健の授業で、性感染症の話のときに「男女の」って言葉じゃなくて「愛し合ってる人」という言い方が同性愛を排除しているわけじゃないのかもと思って、ジーンとした。【しょうこ・18歳・バイセクシュアル】

●普段の対応から子どもに寄り添ってくれている先生

結局、セクシュアリティの知識があるかどうか以上に普段のささいな対応だと思う。時間を取って話を聞いてくれるかとか、否定する前に話を聞く姿勢を見せてくれるかとか。受け入れがたいことでも、生徒の気持ちに寄り添って考えてくれる人かどうかって、普段のかかわりから感じ取れるから。頭ごなしに否定されたくない思いはやっぱりあるから、まず否定せずに聞いてもらえたらうれしい。【マホ・21歳・FtX パンセクシュアル】

●無理に聞き出さないで、関心をもっていることを示して

あなたの話を聞きたいんだよ、って真剣に耳を傾けてもらえたら、相談しやすいと思う。でも先生の方から「あなた女の子好きなんでしょ」と言って無理に聞き出すようなことはしないでほしい。中にはそういうふうに聞かれた方が話しやすい子もいるかもしれないけど、聞かれたくない子もいるから。切り出しやすいように資料などを置いて、関心をもっていることを示してほしい。【はるか・23歳・パンセクシュアル】

●あたりまえに、同性愛について触れてくれる先生

高校の家庭科の授業で、結婚について勉強する単元があった。その中で、『自分が結婚するならどんな人がいいか』というアンケートが配られた。そこで出た回答を先生が黒板に書いていって、「『異性』…○票」って書いたら、生徒から「そんなんあたりまえじゃん」とヤジが飛んだ。先生が「今、あたりまえって言ったけど、世の中には同性をパートナーにする人もいるからね」と返してくれて、たった一言だったけど、とてもうれしかった。同性愛者はいないことにされるものだと思っていたから、わかってくれている人がいるんだと実感できて、カミングアウトしても大丈夫かもという気持ちにつながった。大学に入学したときには、教授が学生みんなに「うちは女子大だけど、卒業生の何人かは男性になったの」とさらっと言ってくれた。他の学生も「そうなんだー」くらいの反応だったから、大学では気軽にカミングアウトすることができた。【アイコ・22歳・レズビアン】

●何気ないことで、相談できる
学校文庫にLGBTにかんする本が置いてあったりとか、学級新聞とか朝の会の10分読書とか、みんなで記事を読む時間とか、先生の何気ない一言や日常の中に、先生がLGBTにかんして知っているよ、ということを表してもらえていたら、相談できていたと思う。【K・25歳・FtM】

●他のマイノリティ分野で研究してる先生
高校のときに在日コリアンについて研究している国語の先生がいて、レポートを見てくれたんだけど、その先生だからLGBTをテーマにしても大丈夫だなって思えた。実際、変な目で見るでもなく指導をしてくれた。その先生が、俺がもっていたLGBTの本を「貸して」と言ってくれて、実際に読んでくれた。【なっさん・23歳・トランスジェンダー男性 ゲイ】

●規範にあてはまらない人もいることを知らせてくれる先生
単純にセクシュアリティとかの話にかぎらず、規範にあてはまらない人がいるんだよってことを知らせてくれるとうれしい。そういう人を認めるっていう姿勢を見せてくれたらうれしい。【しゅうへい・20歳・バイセクシュアル】

●放置してくれてありがとう
放置してくれてありがとう、と思っている。具体的な何かに困っていたり、変えてほしい制度があったりしたわけではないから、自分から相談にもいかなかったし、「おまえ悩んでるのか」みたいに聞かれたとしても「別に」と答えたと思う。かといって、「俺って言うな」とか「女の子らしくしなさい」とか言われるのはとてもストレスになる。どちらともなく放置してくれたことは本当にありがたかった。【なっさん・23歳・トランスジェンダー男性 ゲイ】

●いまもとってあるプリント
高2の保健体育の授業にて、性教育の中で、LGBTが出てきた。つぎの授業で毎回前回の感想がプリントの裏に無記名で載るんだけど、それを見ても特別ヘイト的な発言はなくて。いまだにプリントを保存してある。【M・24歳・MtX ポリセクシュアル】

●一番相談しやすかった身近な大人は先生
高2の秋に、部活の先輩を好きになったが、「同性だし、これはそもそも恋なのか?」とわからずにいた。このことは仲の良い友だちには少し話していたけど、「誰か信頼できる大人にも相談したい」と思った。そのときに真っ先に思い浮かんだのが、LGBTのことを授業で取り扱ってくれた2人の先生だった。その授業の感想シートに「もしかしたら女の子を好きになっているかも」と書いた。それを読んだ先生たちは後で個別で話せる時間をそれぞれつくってくれて、「全然おかしいことじゃないよ」って言って真剣に話を聞いてくれたり、LGBTに詳しい先輩を紹介してくれたりした。【はるか・23歳・パンセクシュアル】

◆【対談】子ども×先生
杏さんと高校時代の担任林先生

> 杏さん、都内大学に通う19歳。高校3年のとき、担任の林先生に女性の恋人がいることをカミングアウト。親にも話せないでいた自分のセクシュアリティを先生に話せたことは杏さんにとって大きな安心感があったという。

——杏さんはどんな生徒でしたか?

林先生:杏は、頭はものすごくいいんだけど、すごい授業態度が悪くて、前担任の先生から「鍛えなおしてください」って言われたくらいだったよね。

杏:どんなかかわりかというと、「ひたすら叱られる関係」としか言いようがないくらいで、高2で担任になったときは、これはやばい先生を引いたぞーと。

——「ひたすら叱られる関係」だった林先生にカミングアウトしたのは、なぜでしょう?

杏:何を言っても受け止めてくれるって安心があったからかな。それまで他の先生たちからもすんごく叱られてきたんですよ。でも、林先生からは「あなた、そのままだと人としてよくないよ」って叱り方を常にされた。

林先生:そうだね。たとえば、レポート出さないことだったら、成績下がるから叱るんじゃなくて、期限を守るっていう人と人との約束を守らないから叱るみたいな感じはあるね。

杏:なんか、「言われたから適当にやる」ってことではなくて、「私は何か人として考えなきゃいけないことがあるんだな」ってことをわからせてくれた先生だったんです。

——なるほど。カミングアウトされたときのことは覚えていますか?

林先生:高3の夏休み明けすぐに、急に杏が「ちょっと面談してください」って言ってきて。

杏:カミングアウトが目的ってわけではなかったんです。進路相談をしに行って、私があまりに勉強してないから「いったい、休日何してるの?」って先生に怒られて。「彼女と遊んでます」って言っちゃおうかなーと。でもすぐには言わなかった。

林先生：そしたら終盤になって、何の脈絡もなく「私、今つき合ってる女の子がいるんですよー」って。聞いたときは、私がLGBTのことを全然知らなかったからびっくりはしましたね。だからちょっと心配もしたし。

―心配というのは？

林先生：その頃は、性同一性障害と同性愛とかがごっちゃになっていて。「着替えるときにつらかったりはしないの？」って聞いたら、「それはないです」って言われて。今まで気づかなかったけど、実はつらい思いをしていたことが、これまであったんじゃないかといろいろ気になってね。でもとくに心配ないことが分かったので、「彼女はどんな子なの？」とか「幸せそうでいいなあ」とかいう話もしてね。それで、杏に彼女がいるのはわかったけど、受験勉強をしなくなることがいまは心配だよと。そこで、彼女とデートする時に一緒に勉強したら？　って勧めたよね。

――カミングアウトを機に何か変わったことはありましたか？

杏：接し方を変えるってことはなかったですね。林先生は私のこと、本当にいろんなことを知っていて、そこに少し加わったような感じだったので。

林先生：杏に対して何かを変えた感覚はないけど、生徒全体に対してちょっと気をつけて言葉を選ぶようになったかなー。私は古典の教師だから、たとえば源氏物語とかって恋にまつわることが多いんだよね。だから教科書に"男女の仲"って書いてあっても、"恋人の仲"って説明するようにしたり。あとは授業以外でも、安易に"男女の仲"とか"彼氏"とか言うと、いやだって感じる子もいるんだなって学ばせてもらったからさ。

　私が話をするときに、いろんな生徒がいるじゃない？　親が亡くなってしまったとか、いじめられてきたとか。だから、LGBTのことにかぎらず、何かを話すときは、"このクラスの中でこの話を聞いて一番つらい思いをするかもしれない子"を頭に置いて話すようにはしていたのね。だから、そういう観点でLGBTのことも付け加わったって感じかな。

――最後に、話しやすい先生ってどんな先生だと思いますか？

杏：話せてよかったって思うのは、林先生が私にとってすごい大事な先生だから。どんな先生に話したいというよりは、それまでの関係性に尽きるのかなと思います。

林先生：忙しくても、ゆっくり話ができる空気づくりができたら生徒の安心につながるのかなと思う。教師が「もう時間ないから」って急いで切り上げたら、せっかく喉まで出てきても飲み込んじゃうからね。

巻末付録

■性の多様性にかんするひと口知識

1 DSDs
（Differences of Sex Development ：〈からだの性〉 のさまざまな発達）

2 性同一性障害の治療等について

3 LGBT にかんする法律や制度

4 日本での LGBT にかんする自治体の取り組み

5 世界の学校での LGBT に対応した取り組み

6 日本の学校での LGBT に対応した取り組み

■実践報告

① ReBit の LGBT 講師たちによる出張授業

② ReBit が制作した教材を用いた教員による授業

■参考情報

相談窓口

本・資料・動画

■性の多様性にかんするひと口知識

1 DSDs （Differences of Sex Development：〈からだの性〉のさまざまな発達）

　女性・男性の〈からだの性〉の構造・つくりに関わることばです。医学的には「性分化疾患」とも呼ばれていますが、「染色体、性腺、女性の膣や子宮の有無などの〈からだの性〉のつくりが、一般的にこれが女性のからだ、これが男性のからだとされる社会的固定観念とは、生まれつき一部異なる発達を遂げた女性・男性の状態」を表します。（日本では「インター"セックス"」との用語は性行為を連想させますので、当事者家族の大多数には好まれていません。）

　DSDs のことを、「男でも女でもない性別」「第3の性」「中間の人」とする誤解がありますが、これは実は間違いです。あくまで、からだの発達の複雑な過程で、一部が別の経路をたどったり、少しゆっくりで生まれてくる状態のことで、むしろ当事者の大多数は切実に女性・男性であることが分かっています。

　また、DSDs をもつ人々の大多数は、自身を LGBTQ 等の性的マイノリティの一員とは考えていません。〈自認する性〉や〈好きになる性〉の違いと混同しないことが大切です。ですがもちろん、DSDs をもつ人々にも LGBTQ 等の性的マイノリティの人はいます。

　＊日本性分化疾患患者家族会連絡会ネクス DSD ジャパン提供

2 性同一性障害の治療等について

　性同一性障害は、医学的には「自らの性別に対する不快感・嫌悪感」「反対の性別に対する強く持続的な同一感」「反対の性役割を求める」ことなどから診断されます（13 ページ参照）。

　性同一性障害であると診断されることで、〈自認する性〉に〈からだの性〉を近づけるための医学療法（＝治療）をしたり、戸籍名や戸籍の性別を変えることもできます。

■性同一性障害の人はみんな治療や戸籍変更をするの?

　性同一性障害の人であっても、治療をする人もしない人もいます。また治療をする人の中でも、その段階は異なります。それは、1人ひとりの生きづらさが解消される段階が異なることや、身体的もしくは経済的な理由に起因しています。

■何歳から治療ができるの?

　2012 年に改訂された「性同一性障害に関する診断と治療のガイドライン第4版」で治療開始可能な年齢が引き下げられました。

　二次性徴抑制治療：一定の二次性徴を起こしており、二次性徴の発来にいちじるしい違和感を有する者に適応を検討する。二次性徴発来以前には使用しない。

　性ホルモン治療：条件付きで 15 歳～ 18 歳未満で開始するばあいには相応の慎重さが求められるため、1年以上ジェンダークリニックで経過を観察し、とくに必要を認めたものに限定するなどの

ガイドラインがある。

性別適合手術（SRS）：20歳以上。　ただし乳房切除手術は18歳から可能。

■性同一性障害の治療には保険が適用されるの？

精神療法には保険が適用されますが、ホルモン療法は保険が適用されず、性別適合手術や乳房切除手術は条件付きでの適用となります。保険が適用されない場合の治療費は自己負担です。望む治療やそれを行なう医療機関によっても治療費が変わります。ジェンダークリニックなどの専門機関に問い合わせてください。

【ジェンダークリニック】

性同一性障害の診断ができる専門の精神科や、泌尿器科、婦人科、形成外科など、関係診療科をまとめてジェンダークリニックといいます。身体的治療を望むばあい、ジェンダークリニックで性同一性障害の診断を受ける必要があります。事前に専門医のていねいなカウンセリングを受けてください。性別適合手術（SRS）や性ホルモン治療を受けるばあいは、2名の医師の診断を受ける必要があります。

【二次性徴抑制治療】

第二次性徴期に行なう治療法です。二次性徴を抑制する薬を投与することで、望まない方向にからだが発達していくことを抑えます。性別違和がある子どもに、自身のセクシュアリティにかんし考える時間を増やしたり、からだが変化していくことへの違和感や嫌悪感を軽減するために用いられます。これは可逆的な治療です。

【性ホルモン治療】

性ホルモン治療は、〈自認する性〉のホルモンを投与することで、外見的、身体的機能を〈自認する性〉に近づける治療です。トランスジェンダー女性の人に女性ホルモンを投与すると、肌のキメが細かくなったり、乳房が発達したり、からだが女性化します。またトランスジェンダー男性の人に男性ホルモンを投与すると、声が低くなったり、月経が停止したり、体毛が濃くなったり、筋肉量が増加したりします。しかし血栓などの副作用の恐れや、精神症状に影響をきたすこともあるといわれています。

また、インターネット上で不正に売買されている「闇ホルモン」などは成分が不明だったり、適量以上を摂取してしまい健康を害す恐れがあります。

【性別適合手術（SRS）】

性別適合手術（SRS）とは〈自認する性〉に〈からだの性〉を近づけるため、内外性器に行なう手術です。トランスジェンダー女性のばあい、精巣の摘出、男性器の切除、膣形成などを指し、トランスジェンダー男性のばあい、内性器の摘出、男性器の形成を指します。

【戸籍名の変更】

家庭裁判所で名の変更許可申立を行なうことができます。その通称名で他者に認識されていることなどが条件となります。

【戸籍の性別の変更】

　性同一性障害者の性別の取扱いの特例にかんする法律（通称：性同一性障害特例法）にもとづいて、特定の要件（以下）を満たす性同一性障害者は戸籍の性別を変更することができます。
1　20歳以上であること。
2　現に婚姻をしていないこと。
3　現に未成年の子がいないこと。
4　生殖腺がないこと又は生殖腺の機能を永続的に欠く状態にあること。
5　その身体について他の性別に係る身体の性器に係る部分に近似する外観を備えていること。

3 LGBTにかんする法律や制度

　LGBTの置かれている現状は、国や地域によって大きくちがいます。同性でも婚姻ができる同性婚や、男女の婚姻とは別枠の制度として、異性婚の夫婦に認められる権利の全部もしくは一部を同性カップルにも認め、保証するという法律（パートナーシップ法などと呼ばれる）がある国があります。2015年6月、アメリカの連邦最高裁の判決により、アメリカ全州で同性婚法案が可決されたことは、世界的なニュースとなりました。また、日本では異性カップルでないと特別養子縁組の対象にはなりません

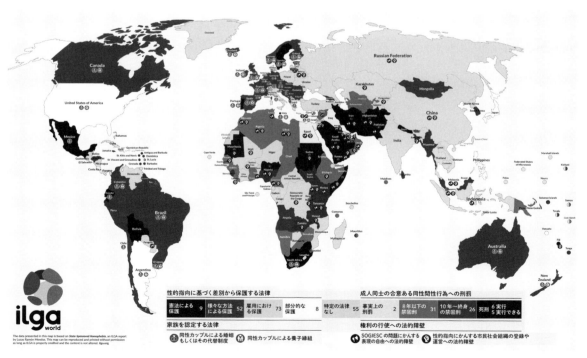

2019年版性的指向に関連する世界の法律
——成人同士の合意ある同性間性行為への刑罰から性的指向に基づく差別から保護する法律まで
ILGA（インターナショナル・レズビアン・ゲイ・バイセクシュアル・トランス・インターセックス連盟）

出典：ILGA（http://ilga.org）より一部改変
＊日本語訳は編集部によるものであり、公式のものではありません。

が、 同性カップルが特別養子縁組をし、 子どもを育てることを認める国も多くあります。

　性的指向を理由とした差別を禁止する法律を整備している国も多くありますが、 一方で LGBT であることが、 死刑や禁固刑などの処罰の対象となる国もあります。 このような法律は、 LGBT の人びとに向けられる差別や拷問、 虐待に拍車をかけ、 さらなる人権侵害を生む環境をつくり出します。 また、情報を規制したり、 LGBT 関連の活動を訴追することで、 LGBT の人びとが自らの性的指向や性自認にもとづいて生きるための適切な情報の入手や支援・保護を受けることの妨げにもなります。

　2011 年 6 月、 国連人権理事会で、 性的指向と性自認にもとづく人権侵害に明確に焦点をあてたはじめての決議が採択されました。 性的指向や性自認を理由に、 人びとが受けている暴力行為や差別に危惧を示しています。

　日本では差別を助長する法律こそありませんが、 差別から擁護する法律や、 LGBT でない人と同等の権利を認める法律もありません。 また、 法制度としての同性婚やパートナーシップ法がない国は、 G8 の中では日本とロシアのみとなっており、 日本政府は国連人権理事会から是正勧告を受けています。

４ 日本での LGBT にかんする自治体の取り組み

　昨今、 行政による LGBT への取り組みが実施されています。

　2014 年 12 月に、 国際オリンピック委員会は 「オリンピック憲章」 の中で性的指向への差別を禁止しました。 2020 年にオリンピック・パラリンピックを開催する東京都はこれを受け、 2018 年 10 月に条例を交付し、SOGI （性的指向・性自認） を理由とする差別禁止を明記し、対応を求めました。 また、同性パートナーを認知する 「パートナーシップ制度」 を施行する地方自治体は、 2015 年 10 月より取り組みを開始した渋谷区・世田谷区をはじめ 11 自治体に増えました （2019 年 3 月現在）。 同性カップルも養育里親になれると定めている自治体もあります。

　また、 文京区では、 SOGI に起因する差別を条例で禁止し、 2017 年より、 区が発注する工事などで事業者と交わす契約書類に SOGI に起因する差別を禁止することを明記しています。 また、 区職員や教職員のための対応指針を 2017 年3月に発行し、 区の取り組むべき姿勢や考え方を取りまとめるなど、 取り組みを進めています。 国立市では、 2018 年4月に施行された条例で性的指向や性自認をアウティングしてはならないと定めました。

　また、 大阪市淀川区は、 2013 年9月に全国で初めて行政として 「LGBT 支援宣言」 を発表し、LGBT にかんする正しい知識と理解を深め、 少数者の人権を尊重したまちづくりを進め、 相談事業や啓発事業などとあわせ、 定期的に LGBT などのためのコミュニティスペースを運営しています。 他にも、さまざまな自治体が LGBT のための居場所づくりや相談支援を開始しています。

５ 世界の学校での LGBT に対応した取り組み

■ LGBT の子ども向けの学校

　世界には LGBT フレンドリーを公言する学校があります。 その1つはニューヨーク市にある、 ハーヴェイ・ミルク・ハイスクールです。 アメリカで初めて、 ゲイであることを公表し、 選挙に当選したハー

ヴェイ・ミルクに校名が由来するこの学校は、 1985 年から LGBT の若者支援を行なう団体が運営しており、2003 年に正式に公立高校に認定されました。 ニューヨーク市のブルームバーグ市長 (当時) は 「ゲイやレズビアンの生徒の中には、これまでたびたび嫌がらせを受けたり、殴られる生徒がいた。 彼らが安心して教育を受けられるのはいいことだ」 と語っています。

■ GSA を設けている学校

GSA とはゲイ・ストレート・アライアンスの略称で、 LGBT の子どもたちもそうでない子どもたちも参加し、 LGBT の人権について考えたり、 サポートしたり、 友だちをつくったりするクラブです。 アメリカなどの多くの高校や大学で実施されているこの取り組みは、 LGBT の子どもたちにとって、 信頼できる仲間や先生と出会える場であり、 学校の中で安心できる場となります。

■専門機関を設けている学校

学校内に LGBT センターを設ける学校が、 とくに大学で多く見られます。 LGBT の子どもたちのため相談スタッフや職員が常駐し、学内理解を深めるためのイベントや勉強会も実施しています。 また、 LGBT センターがなくとも教職員の中でサポート体制が整備されているばあいもあります。一例として、ニューヨーク大学が運営する LGBT 学生センターが挙げられます (1992 年設立)。 専属の職員が常駐し、 LGBT の学生たち向けにさまざまなサポートや、 校内での LGBT への理解を深めるための活動を行なっています。 国内でも、 国際基督教大学、 早稲田大学などが専門の機関を学内に設置しています。

■学校と提携する NPO 団体の存在

欧米には学校などの教育現場と連携し、 LGBT の子どもたちのサポートを行なったり、 学校に LGBT の知識を広めるための取り組みをする NPO 団体が多くあります。 そのひとつがアメリカにある GLSEN （Gay, Lesbian, and Straight Education Network） です。 1990 年に設立されたこの団体は、 LGBT の子どものためのサポートや、学校環境の向上のためのさまざまな働きかけを行なってきました。 具体的には、 校内での LGBT に対するいじめ調査、 LGBT の子どもが安心して学校へ通えるようにするための教職員研修や資材づくり、 GSA 設立のためのサポート、 LGBT フレンドリーな教職員ネットワークの確立など、 その活動分野は多岐にわたります。 また LGBT について教えるためのオンライン教材も多くつくっています。

■ LGBT と学校と法律

アメリカでは、 学校がいじめや嫌がらせに対処することを取り決めた州法の中に、 LGBT の生徒たちに対するものが含まれている州もあります。 現在の日本の法律では、 教育における LGBT の取り扱いを定めるものはありません。 文部科学省が 2017 年に改定した 「いじめの防止等のための基本的な方針」 には、 性的指向・性自認にかんする記載がはじめて盛り込まれましたが、 別添資料にとどまっています。

6 日本の学校での LGBT に対応した取り組み

　2015 年4月、 文部科学省から通知 「性同一性障害に係る児童生徒に対するきめ細かな対応の実施等について」 が出され、 小中学校及び高校で性的マイノリティの児童生徒への対応や配慮が求められました[1]。さらに 2016 年6月にも文部科学省は教職員向け周知資料「性同一性障害や性的指向・性自認に係る、 児童生徒に対するきめ細かな対応等の実施について」 を作成し、 全国の小中高校などへ配布しています[2]。

　また、 自治体が教職員に向けて LGBT の子どもへの対応について情報提供をする事例が増えています。 大阪市淀川区、 阿倍野区、 都島区が3区合同で、 教職員向けの LGBT ハンドブックを作成したことや、 埼玉県、 東京都武蔵野市、 神奈川県横浜市などが ReBit とともに教職員向けの LGBT ハンドブックを作成し、 自治体内の全校に配布したことが事例として挙げられます。

　他にも、 児童生徒が多様な性について知る機会を提供する手段として、 教科書への記載もされています。 2017 年度から高等学校で使われる教科書に、 「LGBT」 という言葉が初めて登場しました。 性的マイノリティや多様な家族については地理歴史や公民、 家庭などの教科書の一部に記載されています。 また、 2019 年度より使用される中学校の道徳教科書では8社中4社で LGBT についての記載があると報道されました。 さらに、 2020 年度より使用される小学校の保健体育の教科書では2社で多様な性についての記載があると報道されました。

　また、 教育委員会による取り組みも推進されています。 神奈川県教育委員会が作成する人権教育指導資料・学習教材には性的マイノリティの項目があり、 指導案やワークシートが掲載され、 県内の学校に配布されました。 また、 倉敷市教育委員会などが、 人権教育などの一環として多様な性について授業実践を行なったり、 ワークシート集をウェブサイト上で公開したりしています。

　さらに、 いくつかの自治体の中学校や高校で、 性別によらず制服（スラックスやスカート、 ネクタイやリボン）を自由に選べる制度を導入する取り組みもあります。

　大学でもさまざまな取り組みがされています。 独立行政法人日本学生支援機構（JASSO）が2018 年12月に「大学等における性的指向・性自認の多様な在り方の理解増進に向けて」を公開し、 大学で性的指向や性自認にかんする理解増進や性的マイノリティの学生への支援や配慮の必要性が記載されました。 すでに性的指向や性自認について相談できるセンターを設立した学校や、 LGBT にかんする基本理念及び対応ガイドラインを作成し学生支援に努める学校もあります。

＊1　文部科学省（2015）「性同一性障害に係る児童生徒に対するきめ細かな対応の実施等について」
http://www.mext.go.jp/b_menu/houdou/27/04/1357468
＊2　文部科学省（2016）「性同一性障害や性的指向・性自認に係る、児童生徒に対するきめ細やかな対応等の実施について」
https://www.mext.go.jp/b-menu/noudou/28/04/__icsFiles/afieldfile/2016/04/01/1369211_01.pdf

■実践報告① （ReBitのLGBT講師たちによる出張授業）

■ 出張授業——多様な性ってなんだろう？ [計60〜80分]

　ReBitでは、教育現場での出張授業・研修を実施しています。小学生から高校生までの子どもたちのほか、大学生、教職員、行政、保護者など、あらゆる立場・年代の人々を対象に、出張授業・研修を約900回、約9万人に届けてきました。

　ReBitの出張授業には、二つの特徴があります。一つ目は、LGBTという切り口を通じて、「自分らしさって素敵だよね」ということや、「誰かとちがうことは悪いことではない」ということなど、性のあり方を含め、どんなちがいも受け入れあっていく大切さを伝えていることです。二つ目は、「授業を受ける人にとって身近な授業をする」ことです。ReBitの講師は主に大学生が務めることから年代的にも近く、また距離的にもできるだけ近くなるようにワークショップ形式を大切にしています。「LGBTの人」とではなく、「LGBTでもある」一人ひとりとの実際の「出会い」を通じ、LGBTを知識として知るだけにとどまらず、体感的に知ってもらうための授業を目指しています。

　また、発達段階にあわせ授業の内容や目的も変えています。小学生に向けては、LGBTの課題を通じ「自分らしさが大事」であることを伝える授業をします。中高生には、LGBTの友達と出会ったときにどういうふうに声をかけられるか話し合ったり、心に残ったカミングアウトのエピソードを伝えるなど、他者理解や多様性理解につながる授業をしています。大学生には学部や授業にあわせ、人権的課題の側面など、社会的背景についても話をします。教職員に向けては、基礎的な知識やLGBT当事者の学生の体験談とともに、LGBTの子どもたちが困りやすいことを体系化し、求められる対応について伝え、相談しやすい先生になるための実践についても伝えています。

　いずれの授業も、セクシュアルマイノリティの学生・若者2〜3名が講師となり実施しています。

■授業の展開

対象：中学生・高校生

知識の提示 （15分）

■主なねらい
・多様な性にかんする正しい知識を知る
・性のあり方は多様であることを知る

■内容
・LGBTを含む多様な性にかんする基礎知識の説明
・国内のLGBTの人たちの割合
・LGBT、異性愛、シスジェンダーを含む多様な性のあり方のグラデーション
・多様な性について学ぶことの意義

LGBTの講師との出会い（25分）

■主なねらい
・LGBTの講師らと体感的に出会い、多様な性について理解する

■内容
・セクシュアルマイノリティの学生・若者2〜3名による自身のセクシュアリティ説明とライフストーリー（幼稚園〜現在まで）

LGBTの人たちの声（10分）

■主なねらい
・LGBTの人たちの困りごとについて知る

■内容
・カミングアウトや学校での困りごと、将来などにかんするトークセッション

質疑応答（10〜15分）

まとめ（5分）

■内容
・誰もが多様な性の中の1人である
・性のあり方のちがいをきっかけに、どんなちがいも受け入れあえる社会へ

■ 授業前後の変化

　授業の効果測定のため、 ReBit では、 文部科学省が2008年に報告した 「人権教育の指導方法等の在り方について ［第三次とりまとめ］」 内の 「人権教育の内容及び指導方法等」 を通じて育てたい資質・能力としてあげている側面のうち、 知識的側面、 価値的・態度的側面についてそれぞれどのように変化したかを調査しました。

　2017年9月から2018年1月に中学校1校と高校3校の協力のもと実施した調査では、 多様な性にかんする授業を実施することで、 中学生や高校生の多様な性にかんする知識得点だけでなく、 価値・態度得点が有意に上がることが分かりました。 このことから、 多様な性にかんする授業を実施することで、 生徒は多様な性にかんする正しい知識を身につけるだけでなく、 多様な性にかんする態度や価値観が受容的になり、 人権感覚を向上させる効果があることが考えられました[*]。

＊認定特定非営利活動法人 ReBit（2019）「多様な性に関する授業がもたらす教育効果の調査報告2019」https://rebitlgbt.org/project/kyozai

---

受講生の感想

●身近な話だと思った。これからも自分には関係ないことだと思わず、どんな性の人とも関係を大切にしたい。（中学生）

●これから社会に出る上で、あやふやな知識を持ったままなのは恥ずかしいと思った。人を傷つける前にこの講話が聞けてよかったです。（高校生）

●自分にとっては当たり前だと思っていても周りはまったくちがう考えかもしれない。誰と話す時もちがいを意識したい。（高校生）

■実践報告②（ReBit が制作した教材を用いた教員による授業）

　ReBit では、 現場の教員が直接子どもたちに多様な性について伝えることができるよう、 映像資料や指導案、 ワークシートなどの教材をパッケージ化した 「Ally Teacher's Tool Kit」 を制作しています。 2016 年度に中学校版、 2018 年度に小学校高学年版をリリースし、 小中学校へ無料で配布しているほか、 ウェブサイト上でも無料で公開しています*。 以下は、 キットに入っている学習指導案です。

　　＊ https://rebitlgbt.org/project/kyozai

■ Ally Teacher's Tool Kit とは

　LGBT の子どもにとっても過ごしやすい中学校をつくる 「アライ先生」 になり、 子どもに多様な性について教えるための教材キットです。 「アライ先生のための3ステップ」 に即し、 10 ～ 11 種の教材により構成されています。 現在、 中学校版と小学校高学年版があり、 小中学校への無料配布やオンラインでの無料公開をしています。

■ アライ先生のための3ステップ

ステップ1 〈先生が知る〉

　多様な性にかんする基礎知識や、 子どもの困りごとを理解し、 適切な対応を行なう方法をまとめたハンドブックが入っています。

ステップ2 〈相談していいよ、 を伝える〉

　日常の中で発信するための、 ブックリストやレインボーシールが入っています。 レインボーシールを子どもの目の届く場所に貼り、 その趣旨を説明することで、 多様な性について相談しやすく感じる子どもがいます。

ステップ3 〈児童・生徒に授業をする〉

　道徳の授業で多様な性について教える際の教材が入っています。 15 分の映像教材や、 児童生徒のためのワークシートや配布資料、 先生が参照できる指導案と指導の手引きもあります。

■授業の展開

対象：小学校高学年

導　入　（5分）

■主なねらい
・「多様な性」について学習するという目標を伝える

■内容
・イラストの特徴から「性別」をどのように判断しているか問う

〈映像教材〉多様な性にかんする基礎知識　（15分）

■主なねらい
・多様な性について知る

■内容
・映像教材を視聴し、性の多様性について用語を学ぶ
・セクシュアルマイノリティの個人の語りを視聴する

考えを深化させる　（10分）

■主なねらい
・学びを自分ごとにする

■内容
・ワークシートの「いろいろな性について考えたことや感じたことを『前は〜と思っていたけれど、今は…と考えるようになった』という形で書いてください」「いろいろなちがいを大事にするために、あなたができる工夫はどんなことですか？」という質問に対し、それぞれ自分の考えを記述する

まとめ　（5分）

■主なねらい
・多様性を尊重することの重要性を伝える

■内容
・多様な性から多様性へ広げ、1人ひとりのちがいを理解・尊重することの重要性を伝える
・授業の要点や参考資料、相談先一覧が記載されたプリントの配布

■授業の展開

> 対象：中学生

導　入　（5分）

■主なねらい
・「多様な性」について学習するという目標を伝える

■内容
・イラストの特徴から「性別」をどのように判断しているか問う

〈映像教材〉多様な性にかんする基礎知識　（15分）

■主なねらい
・多様な性について知る

■内容
・映像教材を視聴し、性の多様性について用語を学ぶ
・セクシュアルマイノリティの個人の語りや、家族・友人との対談を視聴する

考えを深化させる　（10分）

■主なねらい
・学びを自分ごとにする

■内容
・ワークシートの「セクシュアルマイノリティに対してもっていたイメージをふまえながら、映像の感想や気づいたことをまとめましょう」「もしも友人や家族などから、あなたならどんな言葉をかけますか」という質問に対し、それぞれ自分の考えを記述する

まとめ　（10分）

■主なねらい
・多様性を尊重することの重要性を伝える

■内容
・多様な性から多様性へ広げ、1人ひとりのちがいを理解・尊重することの重要性を伝える
・授業の要点や参考資料、相談先一覧が記載されたプリントの配布

■ 授業前後の変化

　2017年3月から2018年9月に中学校教員が「中学校版 Ally Teacher's Tool Kit」用いて授業した中学校を対象に実施したアンケート調査では、現場の教職員が授業で子どもたちに多様な性について伝えることで、子どもたちに正しい知識を伝えるだけではなく、多様性にかんする価値感や態度が受容的になり、人権感覚やセクシュアルマイノリティに対して差別をすることなく公平に接することができるという意識を向上させる効果があると考えられます＊。

＊認定特定非営利活動法人 ReBit（2019）「多様な性に関する授業がもたらす教育効果の調査報告2019」
http://rebitlgbt.org/project/kyozai

受講生の感想

●だれかが差別的な言葉を言ったとき、ちゃんと「それはちがうと思う」って自分の意見を言う。自分が差別を受けたときは「やめてほしい」とまわりの人に伝える。まわりの小さな意見もしっかり聞く。（小学生）

●女の子でも男の子でも一人一人好きなもの、好きなことはちがうし、女の子なんだからとか男の子なんだからと決めつけないことが大事だと思います。（小学生）

●知識があるだけで、将来の言動が変わるから知れてよかった。（中学生）

●周りの人の理解って大きいなあと感じた。誰かにカミングアウトされたときは相手と話し、より理解できるようになりたいです。（中学生）

授業をした先生の感想

●ビデオの中で当事者の方々が語ってくださる言葉に重みがあり、教室の空気が変わり、ふり返りを書くときは、えんぴつの音だけが響きました。「性の多様性」にとどまらず、子どもたちは「ちがいを豊かさに」結びつけるふり返りが多数ありました。（小学校教員）

●はじめてセクシュアルマイノリティについて知った、という生徒もいましたが、非常に真摯に受け止め、多様性への寛容というテーマの趣旨を生徒たちが理解したことが見て取れた。（中学校教員）

■ 授業の中での伝え方

　　実践報告②（ReBit が制作した教材を用いた教員による授業）では、 道徳の指導案を例示しましたが、 道徳以外にもさまざまな教科で多様な性にかんする授業を展開することが可能です。 また、 複数時間の授業、 教科横断的な学習を計画することもできます。

【各教科・総合的な学習の時間・特別活動で】

・生活科（内容 (2) など）で取り上げる（小学校低学年）
・体育科（内容 G(2) など）で取り上げる（小学校中学年）
・家庭科の（内容 A など）で取り上げる（小学校高学年）
・保健体育（保健分野）において取り扱う（中学校・高校）
・技術家庭（家庭分野）において取り扱う（中学校・高校）
・社会（公民的分野）において取り扱う（中学校・高校）
・総合的な学習の時間で取り扱う
・図画工作、 美術、 家庭科などでレインボーフラッグ、 レインボーグッズなどを制作する
・学級会などでセクシュアルマイノリティもすごしやすい学校にするための取り組みを話し合い、 実行する
・文化祭、 学習発表会などで展示、 口頭発表、 演劇などの普及啓発活動をする
・委員会、 生徒会、 児童会などで普及啓発活動をする
・外部講師による講演会、 ワークショップなどを実施する

■ 授業外でできる取り組み

【日常生活で】

・ホームルームなどで情報発信する
・LGBT に対する揶揄を発見した際、 その場で注意することで、 相談しやすい先生になるとともに、 多様性に対して肯定的な態度を発信する集団づくりをする
・誰でもトイレを設置する
・学校図書館に LGBT にかんする本を所蔵する
・保健室、 相談室などに LGBT にかんする本を所蔵する

【家庭や地域社会へ】

・公開授業を実施する
・学校だより、 学年だよりなどで、 LGBT について学習していることを周知する
・保健だより、 図書館だよりなどで、 LGBT について特集する
・PTA の人権部などで勉強会などを実施する

■参考情報

相談窓口

だれでも電話することができます。相談のほか、お近くの地域で交流ができる団体の紹介など、さまざまな情報を得ることができます。また、日程や時間は変更することがあります。

◆一般社団法人社会的包摂サポートセンター
・よりそいホットライン
24時間・365日
0120-279-338（セクシュアルマイノリティ専用回線#4）
・よりそいチャット
24時間・365日（LINEは月・火・木・金・日：17時〜22時）
https://yorisoi-chat.jp

◆NPO法人アカー（動くゲイとレズビアンの会）
「ヘルプ・ライン・サービス」
火曜・水曜・木曜：20時〜22時（祝祭日を除く）
03-3380-2269

◆AGP（同性愛者医療・福祉・教育・カウンセリング専門家会議）
こころの相談　火曜：20時〜22時
050-5539-0246
からだの相談　第1水曜：21時〜23時
050-5539-0246

◆NPO法人ぷれいす東京
・ゲイによるゲイのためのHIV/エイズ電話相談
　土曜：19時〜21時（冬期休業を除く）
　03-5386-1575
・総合HIV/エイズ電話相談
　日曜：13時〜17時（冬期休業を除く）
　03-3361-8909
・HIV陽性者・パートナー・家族のための電話相談
　月曜〜土曜：13時〜19時（祝日・冬期休業を除く）
　木曜：15時〜18時（HIV陽性の相談員対応）
　0120-02-8341

◆QWRC
　（くぉーく／Queer and Women's Resource Center）
LGBTI（レズビアン、ゲイ、バイセクシュアル、トランスジェンダー、インターセックス）の当事者やその家族、友人に向けての電話相談
第1月曜：19時30分〜22時30分
06-6585-0751

◆特定非営利活動法人SHIP
SHIP・ほっとライン
木曜：19時〜21時　045-548-3980

◆東京弁護士会
セクシュアル・マイノリティ電話法律相談
第2・第4木曜（祝祭日の場合は翌金曜）：17時〜19時
03-3581-5515

◆NPO法人PROUD LIFE
レインボー・ホットライン
月曜：19時〜22時　0120-51-9181

◆一般社団法人
　富田林市人権教育・啓発推進センター
にじいろホットライン
第1〜第3土曜（月3回）：10時〜15時
0721-20-0285

◆FRENS（Fukuoka Rainbow Educational NetworkS）
フレンズライン（LGBTQの24歳以下の子ども・若者・まわりの大人）
日曜：17時〜21時
080-9062-2416

本・資料・動画

【 学校図書館・保健室・相談室などに 】

- ●石川大我『ゲイの僕から伝えたい「好き」の?（ハテナ）がわかる本：みんなが知らない LGBT』太郎次郎社エディタス
- ●伊藤悟ほか（2000）『同性愛がわかる本』明石書店
- ● NHK「ハートをつなごう」制作班（2010）『NHK「ハートをつなごう」LGBTBOOK』太田出版
- ●金子由美子（2017）『マンガレインボー kids：知ってる?　LGBT の友だち』子どもの未来社
- ● QWRC ほか（2016）『LGBT なんでも聞いてみよう：中・高生が知りたいホントのところ』子どもの未来社
- ●スーザン・クークリン（2014）『カラフルなぼくら：6 人のティーンが語る、LGBT の心と体の遍歴』ポプラ社
- ●ここから探検隊（2013）『思春期サバイバル：10 代の時って考えることが多くなる気がするわけ。』はるか書房
- ●ここから探検隊（2016）『思春期サバイバル 2：10 代のモヤモヤに答えてみた。』はるか書房
- ●すぎむらなおみほか（2014）『はなそうよ!　恋とエッチ：みつけよう!　からだときもち』生活書院
- ●東小雪ほか（2013）『ふたりのママから、きみたちへ』イースト・プレス
- ●日高庸晴（2015）『LGBTQ を知っていますか?：" みんなと違う " は " ヘン " じゃない』
- ●日高庸晴（2017）『セクシュアルマイノリティって何?』少年写真新聞社
- ●日高庸晴（2015 ～ 2016）『もっと知りたい! 話したい! セクシュアルマイノリティ：ありのままのきみがいい』 全 3 巻 汐文社
- ●ケリー・ヒューゲル（2011）『LGBTQ ってなに?：セクシュアル・マイノリティのためのハンドブック』明石書店
- ●藤井ひろみ（2017）『よくわかる LGBT：多様な「性」を理解しよう』PHP 研究所
- ●アシュリー・マーデル（2017）『13 歳から知っておきたい LGBT+』ダイヤモンド社
- ●毎日新聞「境界を生きる」取材班（2013）『境界を生きる：性と生のはざまで』毎日新聞社
- ●牧村朝子（2013）『百合のリアル』星海社新書
- ●室井舞花（2016）『恋の相手は女の子』岩波ジュニア新書
- ● ReBit（2018）『「ふつう」ってなんだ?　JGBT について知る本』学研プラス
- ● RYOJI ほか（2007）『カミングアウト・レターズ：子どもと親、生徒と教師の往復書簡』太郎次郎社エディタス
- ●ロバート・ロディほか（2017）『わたしらしく、LGBTQ』全 4 巻　大月書店
- ●渡辺大輔（2016）『いろいろな性、いろいろな生きかた』全 3 巻　ポプラ社
- ●渡辺大輔（2018）『性の多様性ってなんだろう?』平凡社

【 手記・自叙伝・ライフヒストリー 】

- ●石川大我（2009）『ボクの彼氏はどこにいる?』講談社文庫
- ●遠藤まめた（2018）『オレは絶対にワタシじゃない：トランスジェンダー逆襲の記』はるか書房
- ●尾辻かな子（2005）『カミングアウト：自分らしさを見つける旅』講談社
- ●上川あや（2007）『変えていく勇気：「性同一性障害」の私から』岩波新書
- ● good aging yells.「out in japan」http://outinjapan.com
- ●杉山文野（2009）『ダブルハッピネス』講談社文庫
- ●パトリック・ジョセフ・リネハンほか（2014）『夫夫円満』東洋経済新報社
- ●南和行ほか（2016）『僕たちのカラフルな毎日：弁護士夫夫の波乱万丈奮闘記』産業編集センター
- ●ランドホー「LGBTER」https://lgbter.jp

【 先生・保護者に 】

- ●石田仁（2019）『はじめて学ぶ LGBT：基礎からトレンドまで』ナツメ社
- ●遠藤まめた（2016）『先生と親のための LGBT ガイド：もしあなたがカミングアウトされたなら』合同出版
- ●ダニエル・オウェンズ＝リードほか（2016）『LGBT の子どもに寄り添うための本：カミングアウトから始まる日常に向き合う Q&A』白桃書房
- ●加藤慶ほか（2012）『セクシュアルマイノリティをめぐる学校教育と支援：エンパワメントにつながるネットワークの構築にむけて 増補版』開成出版
- ●河崎芽衣（2017）『見えない子どもたち：LGBT と向き合う親子』秋田書店

●康純（2017）『性別に違和感がある子どもたち』合同出版
●中塚幹也（2017）『封じ込められた子ども、その心を聴く：性同一性障害の生徒に向き合う』ふくろう出版
●"人間と性"教育研究所（2002）『同性愛・多様なセクシュアリティ：人権と共生を学ぶ授業』子どもの未来社
●はたさちこほか（2016）『学校・病院で必ず役立つLGBTサポートブック』保育社
●針間克己ほか（2014）『セクシュアル・マイノリティへの心理的支援：同性愛、性同一性障害を理解する』岩崎学術出版社
●原ミナ汰ほか（2016）『にじ色の本棚：LGBTブックガイド』三一書房
●三成美保（2017）『教育とLGBTIをつなぐ：学校・大学の現場から考える』青弓社

【調査・指導資料など】

●教職員のためのセクシュアル・マイノリティサポートブック制作実行委員会（2018）「教職員のためのセクシュアル・マイノリティサポートブック Ver.4」http://www.jtu-nara.com/book.html　またはhttp://say-to-say.comからダウンロード可
●倉敷市教育委員会（2017～2018）「人権教育実践資料2～3　性の多様性を認め合う児童生徒の育成　I～II」
　http://www.city.kurashiki.okayama.jp/30449.html
●宝塚市教育委員会「『ありのままに自分らしく』互いに認め合える学校園所をめざして：性の多様性について考える」
http://www.city.takarazuka.hyogo.jp/kyoikuiinkai/1002552/1012182/1025339.html
●日高庸晴ほか（2017）「多様な性を考える授業：一度の授業で子どもの人生が変わります」
●文京区（2017）「性自認および性的指向に関する対応指針：文京区職員・教職員のために」
　http://www.city.bunkyo.lg.jp/kusejoho/jinken/danjo/sogi/sogishishin.html
●文部科学省（2013）「学校における性同一性障害に係る対応に関する状況調査について」
　http://www.mext.go.jp/component/a_menu/education/micro_detail/__icsFiles/afieldfile/2016/06/02/1322368_01.　pdf
●文部科学省（2015）「性同一性障害に係る児童生徒に対するきめ細やかな対応の実施等について」
　http://www.mext.go.jp/b_menu/houdou/27/04/1357468.htm
●文部科学省（2016）「性同一性障害や性的指向・性自認に係る、児童生徒に対するきめ細やかな対応の実施等について」
　http://www.mext.go.jp/b_menu/houdou/28/04/__icsFiles/afieldfile/2016/04/01/1369211_01.pdf
●淀川区役所ほか（2015）「性はグラデーション：学校の安心・安全をどうつくる？　どう守る？」
　http://www.city.osaka.lg.jp/yodogawa/page/0000334762.html

【絵本】

●ippo.（2015）『じぶんをいきるためのるーる。』解放出版社
●がりーどちえこ（2016）『イリスのたんじょうび』文芸社
●サトシン（2011）『わたしはあかねこ』文溪堂
●ジェシカ・ウォルントン（2016）『くまのトーマスはおんなのこ：ジェンダーとゆうじょうについてのやさしいおはなし』
　ポット出版プラス
●ジャスティン・リチャードソンほか（2008）『タンタンタンゴはパパふたり』ポット出版
●ながみつまき（2016）『りつとにじのたね』リーブル出版
●なかやみわ（2001）『くれよんのくろくん』童心社
●新沢としひこ（1990）『けっこんしようよ』岩崎書店
●パトリシア・ポラッコ（2018）『ふたりママの家で』サウザンブックス
●フランチェスカ・パルディ（2013）『たまごちゃん、たびにでる』イタリア会館出版部
●マーロン・ブンドほか『にじいろのしあわせ：マーロン・ブンドのあるいちにち』岩崎書店
●マイケル・ホール（2017）『レッド：あかくてあおいくれよんのはなし』子どもの未来社
●村瀬幸浩（2011）『こんなのへんかな?』大月書店
●メアリ・ホフマン（2018）『いろいろ　いろんな　かぞくのほん』少年写真新聞社
●リンダ・ハーンほか（2015）『王さまと王さま』ポット出版
●ロブ・サンダース（2018）『レインボーフラッグ誕生物語：セクシュアルマイノリティの政治家ハーヴェイ・ミルク』汐文社

【小説】

●小川糸（2014）『にじいろガーデン』集英社

●咲乃月音（2012）『僕のダンナさん』宝島社文庫

●遠野りりこ（2014）『マンゴスチンの恋人』小学館

●戸森しるこ（2016）『ぼくたちのリアル』講談社

●戸森しるこ（2016）『十一月のマーブル』講談社

●戸森しるこ（2017）『理科準備室のヴィーナス』講談社

●野島伸司（2008）『スヌスムムリクの恋人』小学館

●吉川トリコ（2014）『ミドリのミ』講談社

【 漫画 】

●鎌谷悠希『しまなみ誰そ彼』全4巻　小学館

●志村貴子『青い花』全8巻　太田出版

●志村貴子『放浪息子』全15巻　エンターブレイン

●田亀源五郎『弟の夫』全3巻　双葉社

●よしながふみ『きのう何食べた？』既刊14巻　講談社

【 動画 】

● NHK for School（2014）「ハートネット TV　ブレイクスルー：ふたりが選んだ、家族の形」
http://www.nhk.or.jp/tokkatsu/breakthrough/?das_id=D0005170382_00000

● NHK for School（2016）「ハートネット TV　ブレイクスルー：生きづらいなら変えちゃえば？　トランスジェンダー・さつき」　http://www.nhk.or.jp/tokkatsu/breakthrough/?das_id=D0005170463_00000

● NHK for School（2018）「オンマイウェイ：偏見をなくすためにはどうすればいいんだろう？」
http://www.nhk.or.jp/doutoku/onmyway/?das_id=D0005130171_00000

● NHK ティーチャーズ・ライブラリー（2015）「道徳ドキュメント：男らしさ、女らしさって何？」

● "共生社会をつくる" セクシュアル・マイノリティ支援全国ネットワーク（2010）「セクシュアル・マイノリティ理解のために」

●新設 C チーム企画（2011）「いろんな性別：LGBT に聞いてみよう」

●新設 C チーム企画（2010）「セクシュアルマイノリティ入門」

●法務省（2014）「平成 26 年度法務省委託人権啓発ビデオ　あなたがあなたらしく生きるために」
http://www.moj.go.jp/JINKEN/jinken96.html

● ReBit（2012）「先生にできること：LGBT の教え子たちと向き合うために」

● ReBit（2017 ～ 2018）「Ally Teacher's Tool Kit」https://rebitlgbt.org/project/kyozai

ReBit が制作 / 発行 / プロデュースしている教材や本

●子ども向け書籍『「ふつう」ってなんだ？：LGBT について知る本』学研プラス（2018）

●教職員向け研修 DVD「先生にできること～ LGBT の教え子たちと向き合うために～」
早稲田大学教育学部金井景子研究室と協働制作（2012）

●教職員向けハンドブック「男・女だけじゃない！　先生が LGBT の子どもと向き合うためのハンドブック」
横浜市・埼玉県・武蔵野市と協働制作（2014）

●先生のための LGBT に関するオンライン情報センター「Ally Teacher's School」https://allyteachers.org

●中学生向け教材「多様な性ってなんだろう？」
http://rebitlgbt.org/project/kyozai

●小学校高学年向け教材「いろいろな性ってなんだろう？」
http://rebitlgbt.org/project/kyozai

●「多様な性に関する授業がもたらす教育効果の調査報告 2019」http://rebitlgbt.org/project/kyozai

●教職員向けメールマガジン（朝の 5 分に話せる LGBT ニュースやイベントのお知らせなどを毎月配信）
http://rebitlgbt.org/support
詳しくは特定非営利活動法人 ReBit のホームページ（http://rebitlgbt.org）をご覧ください。

おわりに

　『LGBTってなんだろう？──からだの性・こころの性・好きになる性』が出版された2014年から、この改訂新版を出版する5年間に、LGBTを取り巻く環境は変わってきました。2015年に文部科学省からの通知があり、2017年度には高校教科書に、2019年度からは中学校教科書に、2020年度からは小学校教科書に多様な性について記載されます。また、2015年からは渋谷区、世田谷区などの自治体で同性パートナーシップにかんする取り組みが進められたり、東京オリンピック開催を契機に行政や企業でも話題となることが増えてきました。

　「LGBTってなんだろう？」という問い掛けは、もしかしたら聞かれなくなるのかもしれない、という状況も想像してしまいます。みんながLGBTについて基礎的な知識を持っていて、説明することもない状態になるのかもしれません。

　でも、LGBTの子どもにとって、安全な学校・社会をつくるためには、知識だけでは足りません。実際の行動を伴う子どもを応援してくれる身近な大人が必要なのです。

　いま、将来を悲観して毎晩布団の中で涙していた9歳の私に会えるとしたら、言ってあげたい言葉があります。

　「1人じゃないよ」

　「あなたのままで大人になれるよ」

　「大丈夫、生きていけるよ」と……。

　単純な言葉だけど、だれにも言ってもらえず、自分でも言ってあげられなかった言葉です。

　私は20歳を過ぎてようやく、身近な人からその言葉を言ってもらえるようになり、自分でも実感できるようになりました。

　では、もう9歳の私はいないのかというと、そうではありません。いまも、おなじように涙する子どもたちがこの社会に見えずとも存在しています。

　20歳になったとき、目の前のLGBTの子に、「1人じゃないよ」の言葉を届けたくて、「大丈夫、生きていけるよ」と伝えたくて、ReBitを立ち上げ、出張授業をはじめました。

　本書を手にとってくださったあなたが、身近にいるLGBTの子どもたち、さまざまなちがいを持つ子どもたちに、その言葉を届けてくださるように。多様性が大切にされ、さまざまなちがいを持つ子どもが「大人になれないのでは……」と絶望しなくてよい社会になりますように。

　本書に「声」を寄せてくださったみなさんに感謝します。一人ひとりの「声」が社会を変えてきたこと、変えていくこと、そしてたくさんの「あなた」の行動が、子どもたちの幸せをつくる、多様な生き方が実現する社会をつくるのだと、私たちは信じています。

　最後に、本書の出版にあたり多大なるご尽力をいただいた合同出版編集部の山林早良さんと下門祐子さんに、この場をお借りして心から感謝申し上げます。

認定特定非営利活動法人 ReBit 代表理事　薬師実芳

■ 執筆者紹介

薬師実芳（やくし・みか）

早稲田大学商学部卒業。認定特定非営利活動法人 ReBit 代表理事。

笹原千奈未（ささはら・ちなみ）

東京女子大学現代教養学部国際社会学科社会学専攻卒業。大学ではセクシュアリティの研究に取り組む。認定特定非営利活動法人 ReBit。

古堂達也（ふるどう・たつや）

埼玉大学教養学部現代社会専修社会学専攻卒業。

学生時代より LGBT ユース支援に取り組む。現在、スクールソーシャルワーカーとして勤務。認定特定非営利活動法人 ReBit。

小川奈津己（おがわ・なつき）

中央大学文学部人文社会学科国文学専攻卒業。元・中高一貫校教諭。認定特定非営利活動法人 ReBit 教育事業部マネージャー。

■ 編集協力

認定特定非営利活動法人 ReBit（りびっと）

LGBT を含めたすべての子どもがありのままの自分でオトナになれる社会の実現を目指し、大学生を中心に約 600 名の若者世代が活動する認定 NPO 法人。2009 年 12 月に学生団体として設立、14 年 3 月に NPO 法人、18 年 7 月に認定 NPO 法人となる（代表理事＝薬師実芳）。教育事業とキャリア事業を展開している。

教育事業では、全国の学校・行政などで授業 / 研修を約 900 回・約 9 万人に実施、各種の教材を開発・普及している。

キャリア事業では、2013 年度より約 200 社へ研修を実施、約 2000 名の求職者を支援。日本最大級の LGBT の就活 / 就労にかんするカンファレンス「RAINBOW CROSSING TOKYO」を開催する。（2019 年 3 月現在）

メールアドレス	info@rebitlgbt.org
ホームページ	https://rebitlgbt.org
Twitter	@Re__Bit
Facebook	https://www.facebook.com/Re.Bit.LGBT

■ Special Thanks ― 声を寄せてくださった方々

瑛真／あつひろ／あんでぃ／いくみ／山瀬／まお／さち子／上中彩慧／スバル／たける／ちい／なっさん／ M.G ／かずき／ M.N ／椎名／はるか／るい／しゅうへい／ K ／こあらぱん／アイコ／白石朋也／ R ／やっくん／マホ／しょうこ／光／かなこ／鈴成／羽塚／倫子／ちなみ／原／ろっこ／たこ／奏／ここ／ M ／ハル／ Y.N ／隼人／たいが／じゅん／祐介／しょうちゃん／おちえりこ／ハルキ／スバルのお母さん／杏／林先生／春／麻実（順不同・敬称略）

＊掲載年齢は旧版初版刊行時のものです。

改訂新版 LGBT ってなんだろう？
──自認する性・からだの性・好きになる性・表現する性

2014 年 9 月 25 日　　　第 1 刷発行
2017 年 3 月 30 日　　　第 5 刷発行
2019 年 5 月 15 日　　　改訂新版第 1 刷発行
2021 年 3 月 15 日　　　改訂新版第 3 刷発行

著者　　藥師実芳＋笹原千奈未＋古堂達也＋小川奈津己
発行者　坂上　美樹
発行所　合同出版株式会社
　　　　東京都千代田区神田神保町 1-44
　　　　郵便番号 101-0051
　　　　電話 03（3294）3506　FAX 03（3294）3509
　　　　URL：http://www.godo-shuppan.co.jp
　　　　振替 00180-9-65422
印刷・製本　株式会社シナノ

■刊行図書リストを無料送呈いたします。
■落丁乱丁の際はお取りかえいたします。

本書を無断で複写・転訳載することは、法律で認められているばあいを除き、著作権及び出版社
の権利の侵害になりますので、そのばあいにはあらかじめ小社あてに許諾を求めてください。
ISBN978-4-7726-1385-9　NDC375　257 × 182
© 藥師実芳＋笹原千奈未＋古堂達也＋小川奈津己、2019

料理家ワタナベマキが
家族のために
作るごはん

目次

〈第1章〉大好きな味 8
—家族そろって酸っぱい料理好きです—

鶏肉と根菜の梅煮 10
牛肉とじゃがいもの黒酢炒め 11
香草とココナッツのレモンサラダ 12
ほたてといかのゆずちらし 13
かじきまぐろの梅照り焼き 14
白身魚の梅蒸し／ひじきの梅煮 15
切り干し大根の黒酢煮 16
豚肉とキャベツのビネガー煮 16
酢きんぴらごぼう 17

〈第2章〉得意な調理法 18
—塩やだし汁でシンプルに作ります—

味つけは塩だけ
ローストポーク／ローストビーフ 20
肉じゃがの塩煮 22
鶏肉とかぶの塩オイル蒸し 23
大根と豚バラ肉の塩煮 24
黒豆の塩煮 25
ひき肉とエリンギの塩炒め 25

塩豚で作る
塩豚 26
塩豚とれんこんの炒め 28
塩豚とじゃがいもの山椒あえ 29
塩豚とレンズ豆の煮込み 30
塩豚ラーメン 31

だしに漬ける
野菜のだし漬け 32
なすと豆腐の揚げびたし／さばのしょうがだし漬け 34
さわらとみょうがのだし漬け 35

〈第3章〉常備食材 36
—長ねぎなしでは暮らせません—

長ねぎとトマトのコチュジャンあえ 38
長ねぎのおかかオイルあえ／白髪ねぎの唐辛子あえ 38
長ねぎとゴルゴンゾーラのグラタン 40
ねぎたっぷりがんもどき 42
ねぎ塩鶏 43
蒸しねぎと生ハムのマリネ 44
長ねぎとえびの揚げ春巻き 45

〈第4章〉受け継ぐ料理 46
——何度も作って覚えた祖母と母の味——

あさり入りのおから煮
鶏肉とトマトのローズマリー煮込み 48
レモン酢豚 50
えびドリア 52
えびのフリット 53
セロリのきんぴら／ささげ豆の煮物 54
鶏手羽中のガーリック揚げ 55
牛すじカレー 57

〈第5章〉朝ごはん 58
——朝は迷わず決まった食器で——

にんじんジュース／フルーツヨーグルト
ご飯＋きのこと卵のみそ汁 59
しらすご飯＋じゃがいもと長ねぎのみそ汁 60
目玉焼きご飯＋かぶととろろのみそ汁 61
青のりと梅の雑炊 62
ホットサンド2種／ベーコントマトもち 63
カリフラワーのポタージュ 64
かぼちゃのポタージュ 65

＊本書の決まりごと
・小さじ1は5ml、大さじ1は15ml、1カップは200mlです。
・しょうが1かけ、にんにく1片とは、親指の先くらいの大きさを目安にしています。しょうがの薄切りは、風味をよくするため皮ごと使用しています。
・野菜類は、指示がない限り中くらいの大きさのものを使用し、洗ったあと、筋やヘタなどをとってからの調理法を説明しています。
・オリーブオイルはエキストラ・バージン・オリーブオイルを使用しています。
・砂糖は精製されていないてん菜糖を使用しています。なければ上白糖などを使ってください。塩は精製されていないものを使用しています。
・和風だし（かつお昆布）のとり方は33ページにあります。
・コンロやグリル、オーブンの火加減・加熱時間は目安です。様子を見て適宜調節してください。オーブンはガスオーブンを使用しています。電気オーブンの場合は温度を10～20℃高めにしてください。

〈第6章〉体を思う 66
——やさしい味が元気になるおまじない——

卵がゆ 68
大根がゆ／にんじんがゆ 69
豆腐の茶碗蒸し 70
かぶのすりながし 71
鍋焼きうどん 72
卵にゅうめん 73

〈第7章〉大勢で食事 74
——大人も子どもも喜んでくれる私の定番——

シュウマイ／汁なし担々麺 76
きくらげときゅうりの黒酢あえ 78
ザーサイ入り卵焼き 78
いかと九条ねぎのオイルがけ 79
オイルサーディンとディルのパスタ
トマトソースパスタ 80
煮込みハンバーグ 81
白いんげん豆と豚肉の煮込み 82
定番ポテトサラダ／クレソンのサラダ 83
ねぎとろ丼 84
金目鯛と揚げもちの鍋 85
白あえ3種／あじの混ぜずし 86

はじめに

私が家族のためにできることといえば、おいしいごはんを作り続けること、だと思います。

大げさに言えば、365日、四六時中、ごはん作りのことを考えているかもしれません。

一人暮らしを始めた頃、最初に作りたいと思ったのは、おからの煮物です。祖母や母が作り続けてきた味を私も作りたくてレシピを教わりました。幼い頃のおいしい思い出は、大人になってもふとしたときに浮かんできて、味の記憶になっていきます。それに、家庭の味は同じ料理でも少しずつ違うもの。たとえばオムライスも、母が作るものは他とは違う味でした。そんな「家庭の味の記憶」がとても大切だと思うのです。そして家族が「おいしい!」と言ってくれる料理は、何度も作り続けて「家庭の味の定番」になっていきます。

私が日々のごはん作りで第一に考えていることは栄養バランスです。ただ、1日で完璧にしようと考えると頭が痛くなってしまいますから、「昨日は揚げ物だったから、今日はカロリーを控えて蒸し物にしよう」とか「昨日、一昨日は生野菜が多かったから、今日は温野菜をたっぷり食べよう」など、3日単位で献立を調整し、体にいいきのこと海藻は、朝昼晩のどこかに、必ずとり入れるようにしています。

こんな思いで日々食事を作っていますが、子どもも成長すると嗜好が変わり、最近はファーストフードやカップラーメンなど、魅惑的なものに誘われがちなので、「家のごはんはしっかりと食べなさい」と常に伝えています。家のごはんがしっかりとしていれば、体も心もきちんと成長します。なによりおいしい家のごはんは、家族をつなぐものだと思っています。

この本が、皆さんの家庭の味を作るヒントになったらうれしいです。

1. 大きな棚は、撮影のときにたくさん物を置いて大活躍。ふだんは、まな板などよく使うものを並べている。
2. 十数年使っている土鍋で毎日2回はご飯を炊く。しゃもじはとても気に入っていて、同じものをもう3本目。
3. 調理しやすくて洗うのもラクなので、鍋やフライパンは割と小さめ。やっとこ鍋は、父からの贈り物。
4. 丸くてほどよい大きさのまな板を愛用。包丁は切り方などによって大小を使い分け。菜箸は細いものが好き。
5. バットなどは丈夫なステンレス製が多い。ボウルは深さがあって、安定感のあるものが重宝している。

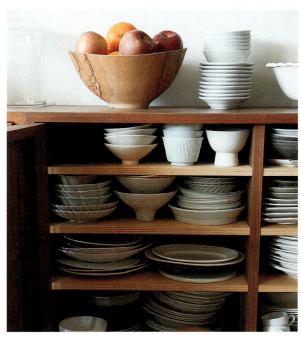

好きなものを長く使う。それが自然と暮らしになじむ。

1. ごはんを食べたり、宿題や仕事をしたり、家族が集うテーブル。冷蔵庫には、毎年の年賀状の息子の写真。
2. 家具や雑貨は好きなものを長く使い続ける。その分、季節や行事によって変えるスワッグなどで気分転換。
3. 食器に特別なこだわりはなくて、直感で気に入ったものを買う。リビングの腰高の食器棚に収納している。
4. きれいなガラスの食器が好き。ワイングラスやコップ、びんなどをガラスの飾り棚に並べて「見せる収納」に。

1	2
3	4

第1章 大好きな味

家族そろって酸っぱい料理好きです

酸っぱい味が大好きです。よく作る料理もついつい酸味をつけてしまうので、あるとき私の料理について感想を聞かれた夫が、「だいたい酸っぱいです」と答えて笑い話に！　そんな夫や息子も、私の影響か、今では間違いなく酸味好きです。

なぜ好きか？　と聞かれると、自分でも理由はよくわからないのですが、梅干しは子どもの頃から好物で、おにぎりの具も決まって梅干しでした。今では毎年の梅干し作りが欠かせません。そのまま食べるだけでは飽き足らず、梅干しは調味料として使える！と思ってから、煮物など様々な料理の味つけに加えています。

梅干しだけでなく、酢や柑橘類も好きです。日本人にとって、おしょうゆはなくてはならない調味料といわれますが、私の場合は間違いなくお酢。穀物酢、果実酢、黒酢、ワインビネガーをそろえて、料理によって使い分けています。特に香りのいい黒酢を好みます。もう少しさわやかな酸味が欲しいな、というときは、レモンやライム、すだちなどの柑橘をぎゅっと搾ります。梅干し・酢・柑橘類の酸味は、家族の元気の源です。

鶏肉と根菜の梅煮

梅干しを調味料がわりにした煮物などをよく作ります。なかでも鶏肉と合わせるのが好きで、筑前煮風のこのメニューもそのひとつ。梅干しを加えて煮ると、さっぱりとしながらご飯に合うコクも出て、梅干しの底力を十分に感じるのです。

材料（3〜4人分）

鶏もも肉　350g
にんじん　1/3本
れんこん　200g
ごぼう　1本
梅干し（塩分12％くらいのもの）　2個

A ┌ 酒　1/4カップ
　├ みりん　大さじ1
　└ だし汁　1/2カップ

B ┌ みりん　大さじ1
　└ しょうゆ　小さじ1

ごま油　小さじ2

作り方

1　鶏肉は好みで皮をとり除き、ひと口大に切る。
2　にんじんは乱切りにする。れんこんとごぼうは皮をたわしで洗って乱切りにし、それぞれ水にさらす(a)。
3　鍋にごま油を中火で熱し、1を入れて焼き目がつくまで炒める。水けをきった2を加え、全体に油がなじむまで炒める。
4　Aと、くずした梅干しを種ごと加え(b)、アクをとりながらひと煮立ちさせ、落としぶたをして弱火で約15分煮る。
5　中火にしてBを加え、汁けが少なくなるまで煮詰める。

※はちみつ漬けの梅干しの場合は、みりんの分量を少なめに調整してください。

a

b

牛肉とじゃがいもの黒酢炒め

わが家の食卓では、牛肉の登場回数は鶏肉や豚肉に比べてあまり多くないのですが、じゃがいもとの組み合わせは大好きです。香りがよくて甘みもある黒酢を加えて炒めると、仕上がりにググッと深みが出るのが不思議です。

材料（3～4人分）

牛カルビ（焼き肉用）　300g
片栗粉　大さじ2
じゃがいも　2個
長ねぎ　1/2本
小松菜　3株
しょうが（せん切り）　1かけ分
A［黒酢・酒・みりん　各大さじ1
しょうゆ　大さじ1
ごま油　大さじ2

作り方

1　じゃがいもは皮をむき、1cm角の棒状に切る。長ねぎは斜め薄切りにし、小松菜は長さを4等分に切る。

2　牛肉は1cm幅に切り、片栗粉をまぶす。

3　フライパンにごま油を中火で熱し、しょうがを入れ、香りが立ったら2を加え、軽く焼き目をつける。

4　じゃがいもと長ねぎを加え、全体に油がなじむまで炒める。小松菜とAを加え、ひと煮立ちしたらふたをして、弱火で約6分蒸し焼きにする。

5　じゃがいもに火が通ったらしょうゆを加え、さっと炒め合わせる。

香草とココナッツの レモンサラダ

旅行が好きで、旅先でおいしい料理に出会うと帰国してから再現してみることがよくあります。これは、さわやかなレモンとココナッツの組み合わせが印象的だったスリランカのサラダです。現地ではココナッツの果肉でしたが、冷凍で常備しているココナッツファインで作ります。

材料（3〜4人分）

香菜　8本
ディル　8本
紫玉ねぎ　1/3個
ココナッツファイン　大さじ3
A ┌ おろしにんにく　1/3片分
　├ レモン汁　大さじ2
　└ ナンプラー　大さじ1
オリーブオイル　大さじ2

作り方

1　ボウルにココナッツファインを入れ、水大さじ4を加え、5分浸してふやかし、長いものは細かく切る。

2　香菜とディルは3cm長さに切る。紫玉ねぎは縦に薄切りにし、水に3分さらし、キッチンペーパーで水けをふく。

3　ボウルにAを合わせ、1を加えて混ぜ合わせる。2を加えてさっとあえ、オリーブオイルをまわしかける。

ほたてといかの
ゆずちらし

ちらしずしは手間がかかる印象もありますが、こんなふうに具材を2種類ほどにすれば、とても簡単です。ご飯さえ炊けば、あとは火を使わずにすむのも魅力です。酢飯には、ゆずやすだちなど大好きな柑橘類の酸味を加えて、あと味さわやかに仕上げます。

材料（3〜4人分）

- ほたての貝柱（刺身用）　8個
- やりいか（刺身用）　2はい（約400g）
- ゆずの皮　1/2個分
- 青じそ　4枚
- 温かいご飯（少し硬めに炊く）　2合分
- 白いりごま　適量

A ┌ ゆずの果汁　大さじ2
　├ 米酢　大さじ3
　├ てん菜糖　大さじ1
　└ 塩　小さじ1
- しょうゆ　適量

作り方

1. ほたてはさっと洗い、キッチンペーパーで水けをふき、2cm角に切る。
2. いかはゲソをはずして内臓と軟骨をとり除き、胴の皮をむいて切り開く。さっと洗い、キッチンペーパーで水けをふき、2cm四方に切る。
3. ゆずの皮と青じそはせん切りにし（a）、ゆずの皮は水にさっとさらし、キッチンペーパーで水けをふく。
4. ご飯に白ごま大さじ2と合わせたAを加えて混ぜ、粗熱をとる。
5. 器に4を盛り、1と2をのせ、3を散らし（b）、白ごま少々をふる。食べるときに好みでしょうゆをかける。

a

b

かじきまぐろの梅照り焼き

梅干しを加えた照り焼きはご飯にぴったりで、冷めてもおいしいので、お弁当にも便利です。鶏肉でも作りますが、今回はかじきまぐろにしました。たけのこやいんげんなど、なるべく野菜も一緒に合わせて、栄養バランスを整えています。

材料（3〜4人分）

かじきまぐろ（切り身）　450g
片栗粉　大さじ2
たけのこ（水煮）　200g
梅干し（塩分12％くらいのもの）　3個

A ┌ 酒・だし汁（または水）　各大さじ3
　└ みりん・しょうゆ　各大さじ1

ごま油　大さじ1
白いりごま　小さじ1

作り方

1　かじきまぐろは大きければ2〜3等分に切り、片栗粉を薄くはたく。

2　たけのこは縦に7〜8mm厚さに切る。

3　ボウルにAを合わせ、包丁でたたいた梅干しを種ごと加え、混ぜ合わせる。

4　フライパンにごま油を中火で熱し、1を入れ、焼き目がついたら裏返し、2を加えて返しながら全体に焼き目をつける（a）。

5　3を加え、煮立たせながらからめる（b）。器に盛り、白ごまをふる。

※はちみつ漬けの梅干しの場合は、みりんの分量を少なめに調整してください。

ひじきの梅煮

食べ慣れた家庭料理も、調味料に梅干しを加えると、ちょっと新鮮な味に変わります。暑い時期のお弁当にも便利な常備菜です。

材料(作りやすい分量)

- 乾燥ひじき　30g
- にんじん　1/2本
- 生しいたけ　3個
- 油揚げ　1/2枚(50g)
- 大豆(ゆでたもの)　80g
- 梅干し(塩分12%くらいのもの)　3個
- A
  - 酒　大さじ2
  - みりん　大さじ1
  - だし汁　3/4カップ
- しょうゆ　小さじ1
- ごま油　小さじ2

作り方

1. ひじきはさっと洗い、たっぷりの水に10分つけてもどし、水けをきる。
2. にんじんはせん切りに、生しいたけは細切りにする。油揚げは両面に熱湯をまわしかけて油抜きし、細切りにする。
3. フライパンにごま油を中火で熱し、1と2を入れ、全体がしんなりするまで炒める。
4. 大豆と、くずした梅干しを種ごと加え、Aも加えてアクをとりながらひと煮立ちさせる。
5. 弱火にし、ふたをして約5分煮る。中火にしてしょうゆを加え、汁けがなくなるまで炒め煮にする。

※はちみつ漬けの梅干しの場合は、みりんの分量を少なめに調整してください。

白身魚の梅蒸し

白身魚に梅干しとしょうがをのせて蒸すだけなので、忙しいときほどよく作ります。しょうがは皮ごと使って風味をきかせて。

材料(4人分)

- 白身魚の切り身(たら、すずき、いさきなど)　4切れ
- 塩　小さじ1/2
- 梅干し(塩分12%くらいのもの)　3個
- しょうが(皮つきのまま薄切り)　1かけ分
- 紹興酒(または酒)　1/4カップ
- ごま油　大さじ1
- 長ねぎ(白い部分)　8cm
- 粉山椒(あれば好みで)　適量

作り方

1. 白身魚は塩をふり、10〜15分おいて、出てきた水分をキッチンペーパーでふく。
2. せいろにオーブンシートを敷き、1としょうがをのせ、紹興酒をふる。くずした梅干しを種ごとのせ、ごま油をまわしかける。
3. 鍋に湯を沸かして2のせいろをのせ、せいろのふたをして強火で約10分蒸し、器に盛る。
4. 長ねぎは白髪ねぎ(→P38)にし、水にさっとさらし、キッチンペーパーで水けをふいて3にのせ、好みで粉山椒をふる。

豚肉とキャベツのビネガー煮

簡単でおいしいこのメニューはわが家の大定番。
「ご飯にもお酒にも合う」と夫にも好評です。
豚肉は２種類使って、味に深みを出します。

材料（3〜4人分）

- 豚ロース肉（しゃぶしゃぶ用） 150g
- 豚バラ肉（しゃぶしゃぶ用） 150g
- キャベツ 250g
- セロリ 1/3本
- 塩 小さじ2/3
- 玉ねぎ 1/2個
- セロリの葉 4枚
- にんにく（薄切り） 1片分
- A ┌ 白ワイン 80ml
  │ 白ワインビネガー 1/4カップ
  └ オリーブオイル 大さじ1
- 粗びき黒こしょう 少々

作り方

1 キャベツはせん切りに、セロリは斜め薄切りにして合わせ、塩をふってしんなりするまでもむ。
2 玉ねぎは縦に薄切りにする。
3 鍋に1の1/3量を敷き、2の1/3量、豚ロース肉を順に広げてのせる。さらに1の1/3量、2の1/3量、豚バラ肉を順に広げてのせる。
4 1と2の残り、セロリの葉とにんにくをのせ、Aをまわしかける。ふたをして中火にかけ、煮立ったら弱火にし、約10分煮る。器に盛り、黒こしょうをふる。

切り干し大根の黒酢あえ

材料もレシピもいたってシンプルなのですが、
黒酢であえると味に奥行きが生まれます。
切り干し大根は、食感を残してもどします。

材料（作りやすい分量）

- 切り干し大根 30g
- 九条ねぎ 2本
- しょうが（せん切り） 1かけ分
- A ┌ 黒酢 大さじ2
  └ ナンプラー 大さじ1/2
- ごま油 小さじ2
- 白いりごま 少々

作り方

1 切り干し大根は軽くもみ洗いし、たっぷりの水に4分つけてもどす。ぎゅっと絞って水けをきり、食べやすい長さに切る。
2 九条ねぎは小口切りにする。
3 ボウルに1、しょうが、Aを合わせてあえ、2とごま油を加えてさっとあえる。器に盛り、白ごまをふる。

第１章　大好きな味

16

酢きんぴらごぼう

「おふくろの味」の定番に、酢とナンプラーを加えて大好きな味にアレンジしました。普通のきんぴらよりさっぱりとして、箸休めの副菜というより、サラダのような感覚でパクパクとごぼうを食べられるのが気に入っています。

材料(作りやすい分量)

ごぼう　2本(250g)
しょうが(せん切り)　1かけ分
A ┌ 酒　大さじ2
　└ 酢・ナンプラー　各大さじ1
赤唐辛子(あれば好みで/種をとる)　1/2本
ごま油　大さじ1
白いりごま　少々

作り方

1　ごぼうは皮をたわしで洗い、斜め薄切りにしてからせん切りにする(a)。水にさっとさらし、水けをよくきる。

2　フライパンにごま油を中火で熱し、しょうがと1を入れ、好みで赤唐辛子を加え、ごぼうが透き通るまで炒める。

3　Aを加え(b)、汁けがなくなるまで炒める。器に盛り、白ごまをふる。

a

b

第2章 得意な調理法

塩やだし汁でシンプルに作ります

最近、塩で味つけをするシンプルな料理が気に入っています。たとえば、おしょうゆを入れて煮込むのが一般的な肉じゃがや、お正月に甘く煮ることが多い黒豆を塩味にしてみたり。すると、定番とはひと味違う、すっきりとした新鮮な味になるんです。塩で肉のうまみを引き出す塩豚は、作っておくといろいろな料理に使えるし、塩で味つけしたシンプルな炒め物も、オムレツの具にしたり、あれこれアレンジできて作りおきに便利。あらためて塩の力を感じますが、なによりシンプルな味にしておくと、あとから酢やしょうゆを加えたり、好みでいろいろな味に変えられて、楽しみが広がるのがいいところです。

だし汁に調味料を少し加えて、野菜や魚を漬けておくだし漬けも、最近のちょっとしたマイブーム。野菜はさっとゆでたり、生のまま薄く切って漬けておくと、サラダのように食べられるし、だしの味がしみた焼き魚は、ご飯のおかずからお酒のつまみまで幅広く楽しめます。そしてあまり手間をかけなくても、時間がおいしくしてくれるところも、だし漬けの魅力だなと思います。

味つけは塩だけ

ローストポーク

以前、息子がローストポークを気に入って、何度も何度も作ったことがありました。よく行くお店ではかたまり肉を常備していないので前もって注文しておくのですが、それがあまりにも頻繁だったせいか、いつの間にか店頭に並ぶようになったほど！でも繰り返し作ったおかげで自信作になりました。

a

材料（作りやすい分量）
豚ロースかたまり肉　450〜500g
塩　小さじ1
オリーブオイル　小さじ2
ミント・マスタード　各適量

作り方
1　豚肉は室温に約1時間おき、塩をよくすり込む(a)。
2　フライパンにオリーブオイルを中火で熱し、1を入れて表面全体に焼き目をつける(b)。
3　130℃に予熱したオーブンに入れ(c)、約50分焼く。
4　豚肉をとり出してアルミホイルで包み(d)、粗熱がとれるまでおく。
5　好みの厚さに切り(e)、ミントとマスタードを添える。

b

ローストビーフ

ローストビーフは、人が集まるときなどにちょっと奮発して作るごちそうメニュー。フライパンの余熱を利用してレアに仕上げます。

c

材料（作りやすい分量）
牛ももかたまり肉　450〜500g
塩　小さじ1と1/2
にんにく（薄切り）　1片分
オリーブオイル　小さじ2

A ┌ 赤ワイン　80ml
　├ バルサミコ酢・しょうゆ
　└ 　各大さじ1
マッシュポテト　適量

作り方
1　牛肉はタコ糸で巻いて形を整え、室温に約1時間おき、塩をよくすり込む。
2　フライパンにオリーブオイルを中火で熱し、1とにんにくを入れ、表面全体に焼き目をつける。弱火にし、表面を約4分ずつ焼く。
3　牛肉をアルミホイルで包み、火を止めた2のフライパンに入れ、ふたをして粗熱がとれるまでおく。
4　アルミホイルとタコ糸をはずし、好みの厚さに切って器に盛り、マッシュポテトを添える。
5　アルミホイルに残った肉汁を小鍋に入れ、Aを加える。弱めの中火にかけ、煮立ったら1〜2分煮詰め、4にかける。

d

◆マッシュポテトの作り方（作りやすい分量）
1　じゃがいも4個は皮をむいて3cm角に切り、水にさっとさらして鍋に入れる。白ワイン1/4カップを注ぎ、八分目まで水を加えて中火にかける。
2　ときどき混ぜながらじゃがいもがやわらかくなるまで約12分ゆで、ざるに上げる。ゆで汁大さじ3をとっておき、残りは捨てる。
3　じゃがいもを2の鍋に戻し、バター30gとゆで汁を加え、じゃがいもをつぶしながらヘラで混ぜる。バターが溶けたら、軽く温めた牛乳1カップを加え、泡立て器でなめらかになるまで混ぜる。
4　弱火にかけ、ヘラで混ぜながら鍋底が見えるくらいの固さになるまで煮詰め、塩小さじ1/3を加えて混ぜる。

e

肉じゃがの塩煮

肉じゃがは、しょうゆ味で煮込むのが定番ですが、塩だけで味つけするとすっきりとした新しい味に。仕上げたあとに一度冷まし、食べる前に温め直すといっそう味がしみ込んでおいしくなります。

材料（3〜4人分）

牛ロース薄切り肉　250g
じゃがいも　6個
玉ねぎ　1個
結びしらたき　6個
みりん　大さじ3
A ┌ 酒　1/4カップ
　 └ 水　1と1/2カップ
塩　小さじ1と1/3
絹さや　6〜8枚
ごま油　小さじ2

作り方

1　じゃがいもは皮をむいて丸ごと使う(a)。玉ねぎは6等分のくし形切りにする。

2　しらたきは熱湯で約2分ゆで、ざるに上げる。

3　鍋にごま油を中火で熱し、牛肉を入れて肉の色が少し変わるまで炒める。みりんを加え、煮立たせて牛肉にからめ、バットなどにとる。

4　3の鍋に1とAを入れて中火にかけ、アクをとりながらひと煮立ちさせる。2を加え、落としぶたをして弱火で約15分煮る。塩を加え(b)、さらに約5分煮る。

5　3の牛肉を戻し入れ(c)、絹さやも加えて味をなじませる。

a

b

c

鶏肉とかぶの塩オイル蒸し

材料（3〜4人分）

鶏もも肉　350g
かぶ　6個
にんにく（薄切り）　1片分
ローリエ　1枚

A ┃ 塩　小さじ1
　 ┃ 白ワイン　80㎖
　 ┃ オリーブオイル　大さじ2

粗びき黒こしょう　少々

作り方

1　鶏肉は好みで皮をとり除き、2〜3等分に切る。バットに入れ、にんにくとローリエをのせ、Aをふって軽くもみ込む(a)。

2　かぶは茎を少し残して切り落とし、根元をよく洗う(b)。

3　大きめのせいろにオーブンシートを敷き、1を汁ごとのせ、2を並べる。

4　鍋に湯を沸かして3のせいろをのせ、せいろのふたをして強火で約14分蒸す。器に盛り、黒こしょうをふる。

蒸し野菜が好きでよく作ります。このレシピは育ち盛りの子どもに野菜だけでは物足りないので鶏肉とかぶを一緒に塩蒸しにしました。かぶは切らずに丸ごと蒸すと、やわらかくなりすぎず、鶏肉に火が通る頃、ちょうどよい食感になります。ほどよい塩けの蒸し汁もおいしいので、ぜひ、パンに浸して食べてみてください。

大根と豚バラ肉の塩煮

大根の甘みが増す寒い季節に食べたくなります。うまみのある豚バラのおかげで、塩だけでもしっかり味になり、ご飯にぴったりのおかずです。朝、仕事の前に作っておくと、夕ごはんの頃に大根にぎゅっと味がしみて、ぐんとおいしくなります。

材料（3〜4人分）
豚バラかたまり肉　400g
大根　小1本
酒　大さじ1
A ┌ 昆布（5cm四方）　2枚
　│ 酒　1カップ
　└ 水　4カップ
塩　小さじ1
ごま油　小さじ2

作り方

1　大根は3cm厚さに切り、皮をむいて面とりし、片面に十字の切り目を入れる。

2　鍋に入れ、かぶるくらいの水を注ぎ、酒を加えて中火にかける。煮立ったら弱火にし、約10分ゆでてざるに上げ、冷水でさっと洗う。

3　豚肉は2cm厚さに食べやすく切る。

4　鍋にごま油を中火で熱し、3を入れて表面に焼き目をつけ、キッチンペーパーで余分な油をふく。

5　2とAを加え、アクをとりながらひと煮立ちさせる。塩を加えて弱火にし、ふたをして約20分煮る。

ひき肉とエリンギの塩炒め

黒豆の塩煮

できたてをご飯にかけてもおいしいし、麺とあえてもいいし、オムレツの具にもなります。冷蔵庫にあると便利な作りおきメニューです。

おせちの黒豆とはひと味違い、ご飯に混ぜたり、サラダに入れたり、そのままつまんだり。シンプルな塩煮は、飽きのこない味です。

材料(3〜4人分)

豚ひき肉　200g
エリンギ　3本
しょうが(みじん切り)　1かけ分
青じそ　7枚
A［塩　小さじ1/2
　　酒　大さじ2
ごま油　大さじ1

材料(作りやすい分量)

黒豆(乾燥)　300g
塩　小さじ2/3
紫玉ねぎ・オリーブオイル　各適量

作り方

1　エリンギは長さを半分にし、縦に5mm厚さに切る。
2　フライパンにごま油を中火で熱し、しょうがを入れ、香りが立ったらひき肉を加えてさっと炒める。
3　1を加え、ひき肉にしっかりと火が通るまで炒める。Aを加え、汁けがなくなるまで炒めて火を止める。
4　ちぎった青じそを加え、さっと炒め合わせる。

作り方

1　黒豆はさっと洗い、かぶるくらいの水に6時間つける。
2　1を鍋に入れ、黒豆がしっかりとかぶるくらいまで水を足し、中火にかける。煮立ったらアクをとり、落としぶたをして約10分ゆでる。
3　塩を加え、好みの堅さになるまで、さらに10〜15分ゆでる(a)。
4　紫玉ねぎは縦に薄切りにし、水にさらしてキッチンペーパーで水けをふく。3とともに器に盛り、オリーブオイルをまわしかける。

a

塩豚で作る

塩豚

豚肉に塩をすり込んで寝かせておくと肉のうまみや脂の甘みに塩けが絶妙に混ざり合い、熟成された深みのある味が生まれます。そのまま食べても、もちろんおいしいですが、炒め物やあえ物、煮込み料理にも使える頼れる存在。ゆでたあと、冷めたらゆで汁ごと容器に入れて、冷蔵庫で3日ほど保存できます。

材料(作りやすい分量)

豚ロースかたまり肉　450〜500g
塩　小さじ1
A ┌ 長ねぎ(青い部分)　1本分
　 └ 酒　大さじ2
香菜　適量
レモン(くし形切り)　2切れ

作り方

1　豚肉は室温に約1時間おき、塩をよくすり込む(a)。

2　空気に触れないようにラップできっちりと二重に包み(b)、冷蔵庫で最短1日〜最長4日間おく。

3　鍋に1.5ℓの湯を沸かしてAを入れ、ラップをはずした2の豚肉を加える(c)。アクをとりながらひと煮立ちさせ(d)、弱めの中火で約50分ゆで、そのまま冷ます(e)。

4　好みの厚さに切り(f)、器に盛り、香菜と半分に切ったレモンを添える。

※ゆで汁は、塩豚ラーメン(→P31)のスープなど他の料理にも使えます。容器に移して冷蔵で3日ほど保存できます。

第2章　得意な調理法

塩豚とれんこんの炒め

豚肉に長ねぎ、れんこんにしょうが。大好きな食材ばかりの炒め物です。豚肉にしっかりと味がついているので、最後にちょっと味を調えるだけでおいしく仕上がります。

材料（3〜4人分）

塩豚（→P26／ゆでたもの）　200g
れんこん　200g
長ねぎ　1/2本
しょうが（せん切り）　1かけ分
酒　大さじ1
塩　少々
ごま油　大さじ1
七味唐辛子（あれば好みで）　適量

作り方

1　塩豚は7〜8mm厚さに切り、さらに半分に切る。

2　れんこんは皮をたわしで洗い、3mm厚さの半月切りにし、水にさっとさらす。長ねぎは斜め薄切りにする。

3　フライパンにごま油を中火で熱し、しょうがを入れ、香りが立ったら1と水けをきった2を加え、れんこんが透き通るまで炒める。

4　酒を加えてさっと炒め、塩を加えて味を調える。器に盛り、好みで七味唐辛子をふる。

塩豚とじゃがいもの山椒あえ

中華料理店でよく食べる、じゃがいもの料理に山椒をきかせてアレンジしました。塩豚があれば、手間をかけなくても味が決まるので献立にもう一品加えたいな、というときにささっと作れて重宝します。

材料（3～4人分）

塩豚（→P26／ゆでたもの）　200g
じゃがいも　2個
セロリ　1/3本
セロリの葉　3枚

A ┃ 黒酢　大さじ1
　 ┃ 塩　少々

B ┃ 粉山椒　小さじ1/2
　 ┃ ごま油　小さじ2

作り方

1　じゃがいもは皮をむいて細切りにし、熱湯で約1分ゆでてざるに上げ、水けをよくきる。

2　セロリは細切りにし、葉はざく切りにする。

3　塩豚は細切りにし（a）、ボウルに入れて1を加える（b）。2とAも加えてさっとあえ、Bを加えてあえる。

a

b

塩豚とレンズ豆の煮込み

夕食の時間に打ち合わせが入ることもありますが、そんなときは「お留守番ごはん」を仕込んでおきます。特によく作るのが、この煮込み料理。鍋ひとつで手軽にできて、温めるだけで食べられて、なにより、夫と息子が喜んでくれる！それがお留守番ごはんの鉄則です。塩豚を使うと味がしっかりして、ご飯によく合います。

材料（3〜4人分）

- 塩豚（→P26／ゆでる前のもの） 450g
- レンズ豆（乾燥） 80g
- 玉ねぎ 1個
- セロリ 1/2本
- にんにく（つぶす） 1片
- A ┌ ローリエ 1枚
  │ 白ワイン 1/2カップ
  └ 水 2カップ
- 塩・粗びき黒こしょう 各少々
- オリーブオイル 小さじ2
- ターメリックライス 適量

作り方

1. レンズ豆はさっと洗い、沸騰した湯で約8分ゆで、ざるに上げる。
2. 玉ねぎは縦に薄切りにし、セロリは粗みじん切りにする。
3. 鍋にオリーブオイルとにんにくを中火で熱し、香りが立ったら塩豚を入れ、表面全体に焼き目をつける。
4. 2を加えて玉ねぎが透き通るまで炒め、Aを加え、アクをとりながらひと煮立ちさせる。1を加えてさっと混ぜ、ふたをして約1時間煮込み、塩、黒こしょうで味を調える。
5. 器にターメリックライスを盛り、4をかける。

◆ ターメリックライスの作り方（2合分）

1. 米2合は洗ってざるに上げる。ボウルにターメリックパウダー小さじ1、白ワイン・オリーブオイル各大さじ1、塩小さじ1/2、水380mlを入れてよく混ぜる。
2. 鍋に1を入れ、ふたをして強火にかけ、煮立ったら弱火にして12分炊く。30秒ほど強火にかけて火を止め、15分蒸らす。

塩豚ラーメン

最近、息子が大のラーメン好きで、昼でも夜でもラーメンをリクエストされます。冷蔵庫に塩豚があると、トッピングに困らず大助かり。豚肉のゆで汁もとっておいて、スープに使います。

材料(2人分)

塩豚(→P26／ゆでたもの)　150g
A[　みりん・しょうゆ　各大さじ1
中華麺　2玉
B[　塩豚のゆで汁(→P26)・水
　　　各1と1/4カップ
塩　小さじ1/2
ゆで卵(半熟)　1個
長ねぎ(小口切り)　10cm分
白いりごま　少々
ごま油　小さじ1

作り方

1　塩豚は1.5cm厚さに切る。

2　フライパンにごま油を中火で熱し、1を入れて両面に焼き目をつけ、Aを加えて肉にからめる。

3　鍋にBを入れて中火にかけ、煮立ったら塩を加え、味を調える。

4　麺は袋の表示通りにゆでて湯をきり、器に入れて3を注ぐ。2、半分に切ったゆで卵、長ねぎをのせ、白ごまをふる。

だしに漬ける

第2章 得意な調理法

野菜のだし漬け

食卓に野菜がないと、どうも落ち着かないほど野菜好きです。ある日、冷蔵庫に残ったおひたし風にだし汁に漬けたら、野菜をたっぷり食べられる一品になりました。他にパプリカやアスパラ、青菜など何でも合います。一度にたくさん作って、3日くらい保存しながら食べてます。

材料（3〜4人分）
大根　約8cm（200g）
豆苗　1袋
にんじん　1本（150g）
さやいんげん　12本
塩　少々

A ┌ だし汁　2カップ
　│ 酒　大さじ1
　└ 塩　小さじ2/3

作り方

1　大根は皮をむき、縦半分にしてから薄切りにする。豆苗は根元を切り落とす（b）。

2　にんじんは皮をむき、薄い輪切りにする。さやいんげんは端を切り落とす。

3　塩を加えた熱湯で2を約2分ゆで、ざるに上げる（c）。さやいんげんは縦半分に切る（d）。

4　鍋にAを入れて中火にかけ、ひと煮立ちさせる。

5　1、3をバットに並べ、温かいうちに4を注ぎ（e）、そのまま20分ほど漬ける（f）。

◆だし漬け用の
だし汁のとり方（約5カップ分）

1　鍋に水5カップを入れ、昆布（5cm四方）1枚をさっと洗って加え、昆布がふやけるまでつける。

2　中火にかけ、昆布のふちから気泡が出てきたらとり出し、水1/4カップとかつお削り節60gを加える。

3　削り節が沈んだら、煮立つ直前で火を止め、5分おいてざるで漉す（a）。

※みそ汁や煮物などに使うだし汁は、上記削り節の分量を30gにします。

さばのしょうがだし漬け

さばは臭みがあるので、こんがり焼いて
たっぷりのしょうがと一緒に漬けてさっぱりと。
青魚が苦手な人も食べやすくなると思います。

材料(3〜4人分)
塩さば(三枚おろし)　3枚
だし汁(→P33)　2カップ
しょうが(せん切り)　2かけ分
塩　小さじ1/3

作り方

1　バットなどにだし汁を入れ、しょうがを漬け、塩を加えて混ぜる。
2　さばは1枚を3等分に切り、魚焼きグリルで焼く。熱いうちに1に漬け、味をなじませる。

なすと豆腐の揚げびたし

だしの味がしみればしみるほどおいしくなる、
おかずの定番です。食べごたえがあるので、
これに具だくさんの汁物があれば大満足。

材料(3〜4人分)
なす　5本
木綿豆腐　1丁
片栗粉　大さじ3
A［だし汁(→P33)　2カップ
　　しょうゆ　大さじ2
大根おろし　120g
揚げ油　適量

作り方

1　なすはヘタを切り落とし、縦半分に切る。皮に細かく斜めの切り込みを入れ、水にさっとさらし、キッチンペーパーで水けをふく。
2　豆腐は2倍の重さのおもしをし、15分おいて水きりし、6等分に切る。
3　バットなどにAを合わせる。
4　170℃に熱した油に1を入れ、やわらかくなるまで3〜4分揚げて3に漬ける。2に片栗粉をまぶして油に入れ、軽く色づくまで揚げて3に漬け、味をなじませる。
5　器に盛り、大根おろしをのせる。

第2章　得意な調理法

さわらとみょうがのだし漬け

さわらはあまり臭みのない魚で食べやすく、焼いてだし漬けにしておくと、冷めてもおいしいのでいつも多めに作っておきます。お弁当に入れたり、お酒のつまみにしたり、麺好きの息子は、そうめんと一緒に食べたりしています。

材料(4人分)

さわら(切り身)　4切れ
塩　小さじ1/2
薄力粉　大さじ1
みょうが　6個

A ┌ だし汁(→P33)　2カップ
　│ すだち果汁　2個分
　│ みりん　大さじ1
　│ しょうゆ　大さじ1/2
　└ 塩　小さじ1/3
ごま油　小さじ2
すだち(あれば好みで)　適量

作り方

1　鍋にAを入れ、ひと煮立ちさせたら火を止める。みょうがを加えてさっとなじませ、バットなどに移す。

2　さわらは塩をふり、15分おいて出てきた水分をキッチンペーパーでふき、薄力粉を薄くはたく。

3　フライパンにごま油を中火で熱し、2を入れて表面に焼き目をつける。裏返して弱火にし、約8分焼いて熱いうちに1に漬け、味をなじませる。

4　みょうがは縦に薄切りにし、さわらとともに器に盛り、好みですだちを添える。

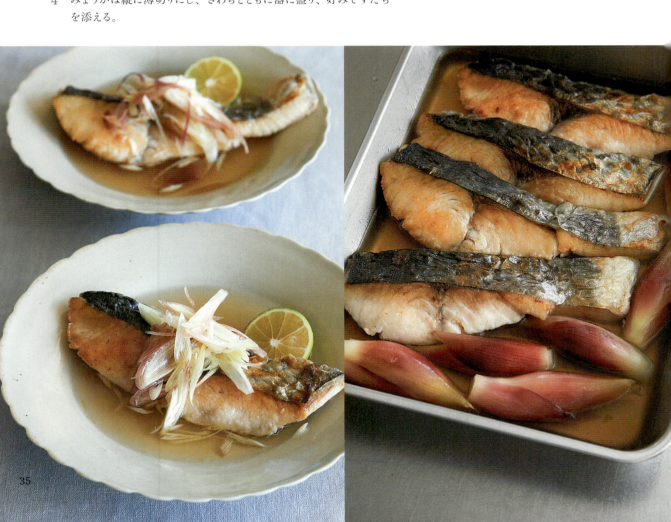

第3章 常備食材

長ねぎなしでは暮らせません

　長ねぎが好きです。他にもれんこんや玉ねぎ、ごまや乾物など、好きな食材はたくさんあるのですが、切らしたら困るもの、買い物のたびに手にとってしまうもの、と考えると、やっぱり長ねぎ。まさに私にとって、いちばんの常備食材です。

　生の長ねぎなら、小口切りで麺類などの薬味にするのはもちろん、薄切りやせん切りにして、水にさっとさらしてからあえ物に。あの清々しくピリッとした辛さやシャキシャキの食感は、生の長ねぎならではです。そんな魅力を生かしたあえ物を、甘みのある温かいご飯（ご飯も好き）にのせて食べるのがいいのです。

　それから、長ねぎは加熱すると、とろりとした甘みが出て、生とは違う味や食感に変わります。これも長ねぎの魅力のひとつ。炒め物、蒸し物、揚げ物、煮物と、調理法の違いや切り方によっても、味や食感が微妙に違うのも面白いところです。

　長ねぎの仲間のわけぎや九条ねぎなども好きで、よく料理に使っています。この章でご紹介するにはページが足りないくらい、私の長ねぎ愛はとどまるところを知りません。

長ねぎとトマトの コチュジャンあえ

長ねぎの味や食感をそのまま味わえる、簡単なあえ物をよく作ります。ご飯にかけたりお酒のつまみにしたり、肉や魚料理に添えたり、いろいろ使えて便利です。

材料（作りやすい分量）

長ねぎ　1本
トマト　2個
A┌ コチュジャン　小さじ1
 ├ ナンプラー　小さじ2
 └ ごま油　大さじ1

作り方

1　長ねぎは斜め薄切りにする。水にさっとさらし、キッチンペーパーで水けをふく。

2　トマトは2cm角に切る。

3　ボウルにAを合わせ、1と2を加えてあえる。

長ねぎの おかかオイルあえ

いつも家にある材料で作れるあえ物。平日に撮影の仕事がなくて、ひとりで昼ごはんを食べるときなど、これを温かいご飯にどさっとかけて食べています。

材料（作りやすい分量）

長ねぎ　1/2本
かつお削り節　5g
A┌ しょうゆ・黒酢　各大さじ1
 └ みりん・ごま油　各小さじ2
黒すりごま　小さじ1

作り方

1　長ねぎは粗みじん切りにし、ボウルに入れる。

2　1に削り節を加えてあえる。

3　小鍋にAを入れてひと煮立ちさせ、熱々を2にかけて混ぜる。器に盛り、黒ごまをふる。

白髪ねぎの 唐辛子あえ

こちらもご飯によく合う即席のあえ物。長ねぎの辛みと唐辛子の風味がご飯の甘みと絶妙に混ざり合って、長ねぎ好きにはたまりません。

材料（作りやすい分量）

長ねぎ（白い部分）　1本
A┌ 韓国赤唐辛子　小さじ1
 ├ おろしにんにく　1/2片分
 └ 黒酢・しょうゆ・ごま油　各大さじ1
白いりごま　小さじ2

作り方

1　長ねぎは8cm長さに切り、縦に切り目を入れて開き、芯を除いて縦にせん切りにする（白髪ねぎ）。水にさっとさらし、キッチンペーパーで水けをふく。

2　ボウルにAを合わせ、1を加えてあえる。器に盛り、白ごまをふる。

第3章　常備食材

38

長ねぎとゴルゴンゾーラのグラタン

ホワイトソースではなく、生クリームとチーズをかけて焼くだけの気楽なグラタンです。チーズは好みのものでいいのですが、クリームをまとった、とろりと甘い長ねぎと、ゴルゴンゾーラのちょっとクセのある風味と塩けがとってもよく合うんです。

材料（3〜4人分）

長ねぎ　2本
じゃがいも　3個
ゴルゴンゾーラ　180g
白ワイン　80ml
塩　少々
生クリーム　1カップ
オリーブオイル　大さじ1
粗びき黒こしょう　少々

作り方

1　長ねぎは5cm長さに切り、縦半分に切る。じゃがいもは皮をむき、7〜8mm厚さの輪切りにする（a）。

2　フライパンにオリーブオイルを中火で熱し、1を入れて軽く透き通るまで炒める（b）。

3　白ワインを加え（c）、塩をふる。ひと煮立ちさせて弱火にし、ふたをして約5分蒸し煮にする（d）。

4　耐熱皿に入れ、生クリームを注ぎ、ちぎったゴルゴンゾーラを散らす（e）。

5　220℃に予熱したオーブンに入れ、表面に焼き目がつくまで12〜15分ほど焼き、黒こしょうをふる。

ねぎたっぷりがんもどき

手作りのがんもどきは難しそうな印象があるかもしれませんが、意外と簡単に作れます。とうもろこしや枝豆のかわりに冷蔵庫にある材料でアレンジしてもおいしいですが、やっぱり長ねぎナシでは物足りません。決して主役ではないですが、いい味を出す名脇役です。

材料（10個分）

長ねぎ　2本
木綿豆腐　2丁
とうもろこし(生)　1本
枝豆(ゆでたもの)　200g(さやつき)
大和いも　120g

A
- 卵白　1個分
- 片栗粉　大さじ2
- おろししょうが　1かけ分
- 酒　大さじ1
- 塩　小さじ1

揚げ油　適量

作り方

1　長ねぎは粗みじん切りにする。

2　豆腐は2倍の重さのおもしをし、30分おいて水きりする。

3　とうもろこしは包丁で芯から実をそぎ、枝豆はさやから実をとり出す。

4　ボウルに1～3、A、皮をむいてすりおろした大和いもを加え、なめらかになるまでしっかりと混ぜる。

5　10等分して円盤型に整え(とうもろこしはなるべく中に入れ込むとはねにくい)、170℃に熱した油に入れる。きつね色になったら裏返し、油の温度を180℃に上げ、全体が色づくまで揚げる。

ねぎ塩鶏

鶏肉と長ねぎに塩と酒をふって焼くだけのシンプルさで、長ねぎのおいしさが際立ちます。焼いた長ねぎは、甘みが引き立つうえに、ほどよく辛みも残っているところが魅力。青い部分も捨てずに一緒に炒めて、白い部分とはちょっと違う味わいも楽しんでいます。

材料（3〜4人分）

- 長ねぎ　1本
- 鶏もも肉　2枚（600g）
- 薄力粉　大さじ1
- A ┌ 塩　小さじ2/3
  └ 酒　大さじ1
- ごま油　小さじ2
- レモン（くし形切り）　2切れ
- 白いりごま　小さじ2

作り方

1. 長ねぎは5cm長さに切り、縦半分に切る。
2. 鶏肉は皮目に薄力粉を薄くはたく。
3. フライパンにごま油を中火で熱し、2の皮目を下にして入れる。肉が縮むのを防ぐため、鍋のふたなどをのせて焼く（a）。
4. 皮にパリッと焼き目がついたら裏返し、1を加える。Aをふって弱めの中火にし、約8分焼く（b）。
5. 鶏肉を食べやすい大きさに切り、長ねぎとともに器に盛り、半分に切ったレモンを添え、白ごまをふる。

a

b

蒸しねぎと生ハムのマリネ

長ねぎがおいしい冬になると必ず作ります。蒸した長ねぎはとろとろと甘く、冷たくするとこれまたおいしくなるので、冷蔵庫で保存してパンにはさんだり、パスタとあえたり。何度食べても飽きることがありません。

材料(作りやすい分量)

長ねぎ　2本
生ハム　100g
にんにく(薄切り)　1片分
ローリエ　1枚
塩　小さじ1
白ワイン・オリーブオイル　各80mℓ

作り方

1　長ねぎは3cm長さに切り、耐熱皿やホーローのバットなどに並べる。
2　にんにくとローリエをのせて塩をふり、白ワインとオリーブオイルを注ぐ(a)。
3　蒸気の上がった蒸し器に2を入れ(b)、強火で約15分蒸す。
4　粗熱がとれたら器に盛り、生ハムを添え、3のマリネ汁をかける。

a

b

長ねぎとえびの揚げ春巻き

春巻きは具の準備が面倒に思われがちですが、これは長ねぎもえびも生のまま、皮にくるっと巻いて揚げるだけで手軽に作れます。うちでは、息子が好きなカレー塩をつけて食べていますが、これが結構合うのです。

材料（10本分）

長ねぎ　2本
えび（ブラックタイガーなど）　12尾
片栗粉　大さじ2
A ┌ おろししょうが　1かけ分
　├ 塩　小さじ1/4
　└ 酒　大さじ1
春巻きの皮　10枚
B ┌ 薄力粉　大さじ3
　└ 水　大さじ2
カレー粉　小さじ2
塩　小さじ1/2
揚げ油　適量

作り方

1　長ねぎは斜め薄切りにする。

2　えびは殻と背ワタ、尾をとり除く。片栗粉をまぶしてもみ、流水で洗い、キッチンペーパーで水けをふく。包丁で粗くたたき、Aをもみ込む。

3　春巻きの皮に1と2をのせて巻き、巻き終わりに合わせたBをつけてとじる。

4　170℃に熱した油に3を入れ、きつね色になるまで揚げる。

5　カレー粉と塩を合わせ、4につけて食べる。

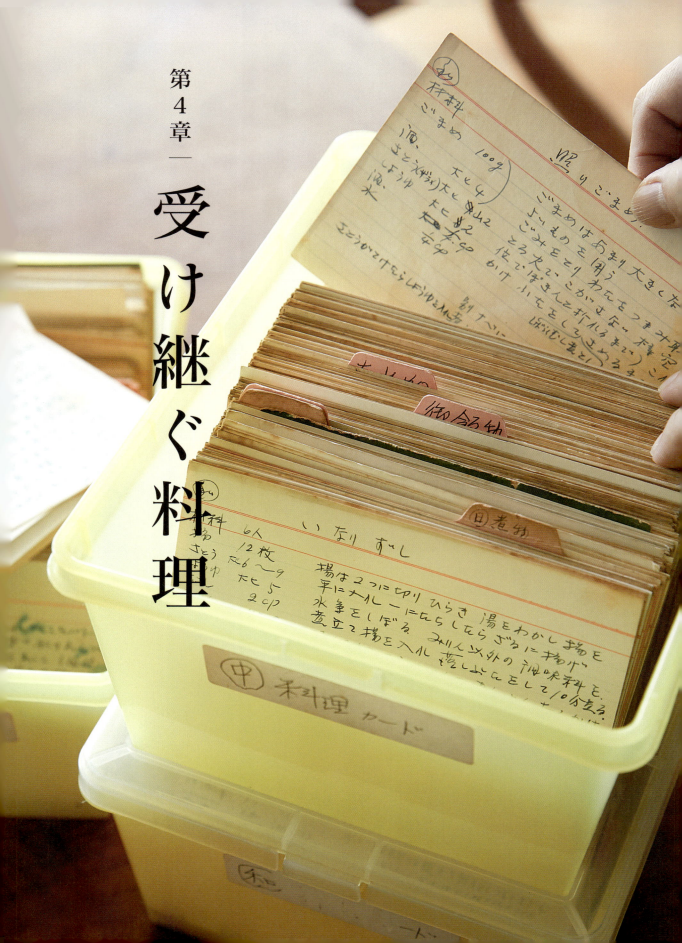

第4章 受け継ぐ料理

何度も作って覚えた祖母と母の味

祖母はとても料理好きでした。家事の合間にご近所の方を集めて料理教室を開いていた時期もあったほど。私が高校生の頃は近所に住んでいたので、ごはんを作ってもらったり、手伝いをしたりしながら料理を教わったものです。祖母が作るのはいわゆる家庭料理で、和風の煮物のようなものが多く、おから煮にあさりを入れたり、セロリをきんぴらにしたりする工夫が印象的でした。そんな祖母が書きためていたレシピカード（右ページ）や、愛用していたお盆を譲り受けています。どちらも祖母の味を懐かしく思い出す宝物。レシピも少しずつ再現したいなと思っています。

母も料理好きで（食べ歩きも好き）、外食して覚えた料理もよく作ってくれました。どちらかというと洋食が多くて、オーブンを買った頃は一緒にパンを焼いたり。今でも教わることが多く、旅行中にダメにしてしまった私のぬか床に、年季の入った母のぬか床を少し加えると、たちまち元に戻るのです！

祖母や母から教わった料理や知恵は、私の暮らしのあちこちに、すっと溶け込んでいるなと感じています。

あさり入りのおから煮

祖母が作るおから煮には、あさりが入っていて私はそれが大好きでした。台所で手伝いをしながら作り方を教わり、それ以来、何度も作ってきた祖母の味です。おからは、しっかりと炒って水分をとばすとすーっと味が入っておいしくなります。

材料（作りやすい分量）

おから　200g
あさりのむき身　80g
にんじん　1/2本
長ねぎ　1/3本
生しいたけ　3個
油揚げ　大1/2枚

A ┌ だし汁　1カップ
　└ 酒・みりん　各大さじ1
B ┌ しょうゆ　大さじ1
　└ 塩　小さじ1/3
ごま油　小さじ2

作り方

1　鍋におからを入れ、パラパラになるまで弱火で炒り（a）、一度とり出す。

2　にんじんはせん切りにし、長ねぎは縦半分にしてから小口切りにする。生しいたけは軸をとり、半分にしてから薄切りにする。油揚げは両面に熱湯をまわしかけて油抜きし、半分にしてから細切りにする（b）。

3　あさりはさっと洗い、水けをきる。

4　1の鍋にごま油を中火で熱し、2を入れて全体がしんなりするまで炒め（c）、3を加えて炒め合わせる（d）。

5　1を戻し入れてさっと混ぜ（e）、Aを加える。焦がさないようにヘラで混ぜながら、弱火で約5分煮る（f）。Bを加え、味を調える。

鶏肉とトマトのローズマリー煮込み

洋風の料理は母から教わったものが多く、特によく作るのがこのメニューです。ハーブをきかせた洋風の煮込みですが、最後に隠し味のしょうゆを加えて、ご飯に合う味にするのが母のこだわり。息子は、これにバターと牛乳を加えたものをご飯にかけて食べるのが好きです。

材料（3〜4人分）

鶏もも肉　2枚(600g)
薄力粉　大さじ1
玉ねぎ　1個
にんにく(薄切り)　1片分
ローズマリー　3枝
白ワイン　1/4カップ
トマトの水煮(缶詰)　1缶(400g)

A ┌ しょうゆ　小さじ2
　├ 塩　小さじ2/3
　└ 粗びき黒こしょう　少々

オリーブオイル　大さじ1

作り方

1　鶏肉は好みで皮をとり除き、ひと口大に切り(a)、薄力粉をはたく。玉ねぎは8等分のくし形切りにする。

2　フライパンにオリーブオイルとにんにくを中火で熱し、香りが立ったら鶏肉を加える。

3　焼き目がついたら裏返し(b)、玉ねぎとローズマリーを加えてさっと炒め(c)、白ワインを加えてひと煮立ちさせる。

4　トマトの水煮はざるで漉して種を除き(d)、3に加える(e)。ひと煮立ちさせたら弱火にし、ふたをして約15分煮る。Aを加えて味をなじませる(f)。

レモン酢豚

酢のかわりにレモンを使い、果肉も加えてさわやかに仕上げるのが、母の酢豚。柑橘類が大好きな私ももちろん、そのレシピを受け継いでいます。

材料（3～4人分）

豚ロース厚切り肉（とんかつ用）
　2枚（300g）
塩　少々
片栗粉　大さじ2
玉ねぎ　1/2個
パプリカ（黄）　1/2個
スナップえんどう　8本

レモン　1/2個
A ┌ 紹興酒（または酒）　大さじ2
　└ 水　1/4カップ
B ┌ レモン汁　大さじ1
　└ 塩　小さじ1/2
ごま油　大さじ1

作り方

1　豚肉は2cm四方に切り、塩をふって片栗粉をまぶす。

2　玉ねぎとパプリカは2cm四方に切る。

3　スナップえんどうは半分に切る。レモンは皮をむき、7～8mm厚さの輪切りにする。

4　鍋にごま油を中火で熱し、1を入れて軽く焼き目をつける。2を加え、玉ねぎが透き通るまで炒める。

5　Aを加え、アクをとりながらひと煮立ちさせ、ふたをして弱火で約7分煮る。中火に戻し、3とBを加え、とろみがつくまで煮詰める。

えびドリア

オーブン料理は母の得意とするところで、ドリアやグラタンをよく作ってくれました。ご飯にもホワイトソースを混ぜ込むと、具と一体になって味がまとまります。

材料（3〜4人分）

- えび（ブラックタイガーなど）　12尾
- 片栗粉　大さじ2
- マッシュルーム　6個
- 玉ねぎ　1/2個
- 白ワイン　1/4カップ
- 温かいご飯　茶碗4杯分
- ホワイトソース　1と1/2カップ
- 塩　適量
- 粗びき黒こしょう　少々
- グリュイエールチーズ　30g
- オリーブオイル　小さじ2
- パセリ（みじん切り）　少々

作り方

1. えびは殻と背ワタ、尾をとり除き、片栗粉をまぶしてもみ、流水で洗う。キッチンペーパーで水けをふき、2cm幅に切る。
2. マッシュルームは石づきをとり、5mm厚さに切る。玉ねぎはみじん切りにする。
3. フライパンにオリーブオイルを中火で熱し、2を入れて炒め、玉ねぎが透き通ったら1を加え、さっと炒める。白ワインを加え、ひと煮立ちさせたら塩小さじ1/4を加え、さっと炒める（a）。
4. ご飯にホワイトソースの半量を加えて混ぜ、塩少々、黒こしょうをふり、耐熱皿に入れる。
5. 残りのホワイトソースを3に加えて弱火にかけ、全体になじむまで混ぜ合わせ、4にのせる。すりおろしたチーズを散らし、220℃に予熱したオーブンで表面に焼き目がつくまで約10分焼き、パセリを散らす。

◆ ホワイトソースの作り方（約3カップ分）

1 薄力粉50gはふるい、牛乳2と1/2カップは常温にもどす。

2 鍋を中火で熱し、バター50gを入れる。溶けたら弱めの中火にし、薄力粉を加え、焦がさないように注意しながら、粉っぽさがなくなるまでしっかりと約3分炒める。

3 ヘラを鍋底に当てて動かしながら、牛乳を少しずつ加え（b）、とろみがついてきたら、なめらかになるまでヘラで混ぜる。塩小さじ1/3、こしょう少々で味を調える。

※牛乳の半量を生クリームにすると、より濃厚なソースになります。

えびのフリット

えびが大好きだった祖父のために、祖母や母が作っていたのがこのフリット。よく泡立てたメレンゲをつぶさないよう衣にくぐらせると、ふわっふわに揚がります。母は、ブロッコリーなどの野菜も一緒に揚げてくれていました。

材料（3〜4人分）

えび（ブラックタイガーなど）　12尾
片栗粉・薄力粉　各大さじ2
卵　2個
塩　ひとつまみ

A ┌ 薄力粉　大さじ3
　└ ベーキングパウダー　小さじ1/2

B ┌ 牛乳　70㎖
　└ 塩　小さじ1/4

揚げ油　適量
トマトケチャップ・タバスコ　適量

作り方

1　えびは殻と背ワタ、尾をとり除き、片栗粉をまぶしてもみ、流水で洗う。キッチンペーパーで水けをふき、薄力粉をまぶす。

2　卵は卵黄と卵白に分け、ボウルに入れる。卵白に塩を加え、泡立て器でしっかりと泡立てる（a）。

3　卵黄のボウルにAをふるい入れ（b）、Bを加える。泡立て器でなめらかになるまで混ぜ（c）、2を加えて泡が消えないように手早く混ぜる（d）。

4　1を3にくぐらせ（e）、170℃に熱した油に入れる。きつね色になり、ふんわりとするまで菜箸で転がしながら揚げる（f）。好みでケチャップとタバスコを合わせ、つけて食べる。

第4章　受け継ぐ料理

54

ささげ豆の煮物

見た目もレシピも素朴でシンプルですが、
くたくたに煮えた豆が最高においしくて
初めて食べたときに感動したのを覚えています。

材料(作りやすい分量)

モロッコいんげん　15本
A ┌ だし汁　2と1/2カップ
　├ 酒　大さじ2
　└ みりん　大さじ1
B ┌ しょうゆ　大さじ1と1/2
　└ 塩　小さじ1/4

作り方

1　モロッコいんげんは端を切り落とす。
2　鍋に1とAを入れ、中火にかける。煮立ったらアクをとり、落としぶたをして約10分煮る。
3　Bを加え、いんげんがくたくたになるまで、さらに7〜8分煮る。

セロリのきんぴら

このきんぴらのおかげで、子どもの頃に苦手だった
セロリを食べられるようになりました。
祖母の料理の中でも、特に思い出深い惣菜です。

材料(作りやすい分量)

セロリ　2本
セロリの葉　3枚
A ┌ 酒　大さじ1
　└ 塩　小さじ1/3
かつお削り節　5g
しょうゆ　小さじ1
ごま油　大さじ1

作り方

1　セロリは斜め薄切りにする。
2　セロリの葉は細切りにする。
3　フライパンにごま油を中火で熱し、1を入れ、さっと炒めて油をなじませる。
4　Aを加え、セロリが透き通るまで炒める。2を加えてさっと炒め、削り節としょうゆを加えて混ぜる。

鶏手羽中のガーリック揚げ

この揚げ物は、親戚の子どもたちが集まるときに、母がよく作っていました。鶏肉にしっかりと下味がついているのでそのまま食べられて、冷めてもおいしい！私も、息子の友達が来ると作っています。

材料（3〜4人分）

鶏手羽中　12本
ししとう　10本
A ┌ 卵　1個
　├ おろしにんにく　1片分
　├ しょうゆ　大さじ1
　├ 酒　大さじ2
　└ 塩　小さじ1/4
薄力粉　大さじ4
塩　少々
揚げ油　適量

作り方

1　鶏手羽中は骨に沿って1〜2か所に切り目を入れる。

2　ししとうは1〜2か所に切り目を入れる。

3　ボウルにAを入れて混ぜ、1を加えてよくもみ込み、薄力粉を加えて混ぜる。

4　170℃に熱した油に2を入れ、約1分揚げてとり出し、塩をふる。

5　4の油に3を入れ、軽く色づくまで揚げたら油の温度を180℃に上げ、きつね色になるまで揚げる。

牛すじカレー

どの家庭にも、その家ならではのカレーがあると思いますが、母の定番は牛すじカレーでした。トロトロになった牛すじがおいしくていつも喜んで食べた思い出があります。牛すじ以外の具はいろいろでしたが私はごぼうやこんにゃくを加えるのが好きです。

材料（3〜4人分）

牛すじ　500g	酒　大さじ2
玉ねぎ　1個	
ごぼう・にんじん　各1本	
しめじ　100g	
こんにゃく　1枚	
A[しょうが(せん切り)　1かけ分	
にんにく(せん切り)　1片分]	

赤ワイン　1/2カップ	
トマトの水煮(缶詰)　1缶(400g)	
B[カレー粉・しょうゆ　各大さじ1	
ウスターソース　大さじ2	
塩　小さじ1/4]	
ごま油　小さじ2	
温かいご飯　適量	

作り方

1. 沸騰した湯に酒を入れ、牛すじを加えてひと煮立ちさせる。中火で約12分ゆでて、流水で汚れをとり除く（a）。食べやすい大きさに切り、水けをきる。
2. 玉ねぎは2cm四方に切る。ごぼうは皮をたわしで洗って乱切りにし、水に3分さらして水けをきる。にんじんは乱切りにし、しめじは石づきをとってばらす。
3. こんにゃくは、こぶしでたたいてやわらかくし、スプーンでひと口大にちぎる（b）。
4. 鍋にごま油とAを入れて中火で熱し、香りが立ったら2と3を加え、全体に油がなじむまで炒める。
5. 1と赤ワイン、トマトの水煮をつぶしながら加え、アクをとりながらひと煮立ちさせる。弱火にし、ふたをして約50分煮たらBを加え、さらに約10分煮る。
6. 器にご飯を盛り、5をかける。

a

b

第5章 朝ごはん

朝は迷わず決まった食器で

朝ごはんは、たいてい夫と息子と3人で一緒に食べます。きっとどの家庭でも同じだと思いますが、朝はとにかく時間との戦いなので、家にあるものでさっと準備できて、時間をかけずにぱっと食べられることが最優先。ご飯とみそ汁か、スープとパン、夫や息子が好きなホットサンドや、簡単なもち料理などが多いです。食器を選んだりする手間も惜しいので、朝ごはん用の食器はこれ、と決めて、キッチンのとり出しやすい棚に置いています。

こんなふうに自分なりのちょっとした決まりごとを作りながら、慌ただしい朝をなんとか乗りきっていますが、わが家の朝のいちばんのルーティンは、にんじんジュースとフルーツヨーグルト。にんじんジュースは、104歳まで長生きした夫の祖父が毎朝飲んでいたそうで、私たちも結婚当初からかれこれ十数年続けています。フルーツヨーグルトは、私も夫も子どもの頃から毎朝食べていたので、自然と朝の習慣になりました。にんじんジュースとフルーツヨーグルトのある食卓は、これからもずっと変わらない、わが家の朝の風景です。

◆ にんじんジュースの作り方（3人分）

にんじん1本、皮をむいたりんご1個は、それぞれ適当な大きさに切る。ジューサーミキサーなどに入れ、レモン汁1個分を加えて撹拌する。

◆ フルーツヨーグルトの作り方（3人分）

プレーンヨーグルトは大さじ4ずつ器に入れ、食べやすく切った好みのフルーツ（キウイやいちごなど）適量をのせ、メイプルシロップ適量をかける。

和朝食① ご飯＋きのこと卵のみそ汁

白いご飯とみそ汁は、和朝食の基本。ご飯にのせるおかずや、みそ汁の具はそのときにあるもので、ぱぱっと決めますが、たんぱく質を含む食材を、なるべくどこかにとり入れるようにしています。

きのこと卵のみそ汁

材料（3人分）

- えのきたけ　80g
- 溶き卵　2個分
- だし汁　3カップ
- みそ　大さじ3
- 青じそ（せん切り）　5枚分
- 温かいご飯　茶碗3杯分
- ゆかり・白いりごま　各適量

作り方

1. えのきたけは根元を切り落とし、2cm長さに切る。
2. 鍋にだし汁と1を入れ、中火にかける。煮立ったら弱火にし、アクをとって2分煮る。溶き卵を加え、ひと煮立ちさせる。
3. みそを溶き入れ、器に盛り、青じそをのせる。茶碗にご飯をよそい、ゆかりと白ごまをふる。

第5章　朝ごはん

和朝食②
しらすご飯＋じゃがいもと長ねぎのみそ汁

みそ汁は、かつお昆布や、いりこのだし汁と自家製のみそで作っています。朝ごはんのみそ汁は、エネルギーになるじゃがいもやかぼちゃ、さつまいもをよく使います。

しらすご飯

材料（3人分）

温かいご飯　茶碗3杯分
しらす　60g
焼きのり（全型）　3/4枚
すだち（半分に切る）　3切れ

作り方

1　茶碗にご飯をよそい、しらす、のり、すだちを添え、食べるときにしらすにすだちを搾る。

じゃがいもと長ねぎのみそ汁

材料（3人分）

じゃがいも　2個
長ねぎ　1/4本
だし汁　3カップ
みそ　大さじ3

作り方

1　じゃがいもは皮をむき、それぞれ6等分に切る。長ねぎは斜め薄切りにする。

2　鍋にだし汁と1を入れ、中火にかける。煮立ったら弱火にし、アクをとって7分煮て、みそを溶き入れる。

和朝食③ 目玉焼きご飯＋かぶととろろのみそ汁

ご飯には、手間いらずで準備できるものをかけたりのせたり。目玉焼きは定番です。とろりとした黄身の混ざったご飯とみそ汁の組み合わせは、最強の朝ごはん。

目玉焼きご飯

材料(3人分)

温かいご飯　茶碗3杯分
卵　3個
ごま油　大さじ1
しょうゆ　適量

作り方

1　フライパンにごま油を中火で熱し、卵を割り入れる。白身が固まってきたら弱火にし、ふたをして約1分蒸し焼きにする。
2　茶碗にご飯をよそい、1をのせ、しょうゆをかける。

かぶととろろのみそ汁

材料(3人分)

かぶ　2個
かぶの茎　4本
とろろ昆布　5g
だし汁　3カップ
みそ　大さじ3

作り方

1　かぶは茎を少し残して切り落とし、根元をよく洗い、6等分に切る。茎は小口切りにする。
2　鍋にだし汁と1を入れ、中火にかける。煮立ったら弱火にし、アクをとって3分煮る。みそを溶き入れ、器に盛り、とろろ昆布をのせる。

和朝食④ 青のりと梅の雑炊

雑炊は消化がよくてお腹にやさしく、ささっと作れて、さらっと食べられるので、時間がない朝ほど重宝しています。青のりなどの海藻は栄養があるので、毎日の食事のどこかでなるべくとり入れるようにしています。

材料（3人分）

- 温かいご飯　茶碗2杯分
- 生青のり　大さじ2
- 梅干し　3個
- 長ねぎ　10cm
- だし汁　2と1/2カップ
- しょうゆ　小さじ2
- 白いりごま　少々

作り方

1. ご飯はざるに入れ、流水でさっと洗う。
2. 青のりはさっと水洗いし、水けをきる。長ねぎは粗みじん切りにする。
3. 鍋にだし汁と1を入れ、中火にかける。煮立ったら2を加えてひと煮立ちさせ、弱火にし、約6分煮る。
4. しょうゆを加えてひと混ぜし、器に盛り、梅干しをのせて白ごまをふる。

ベーコントマトもち

息子は大のもち好きで、年中食べています。
磯辺巻きやお雑煮ばかりでは、さすがに
飽きると思い、洋風にしたもち料理です。

材料（3人分）
切りもち　6個
トマト　2個
ベーコン　80g
バルサミコ酢　小さじ2
オリーブオイル　小さじ1
パセリ（みじん切り）・粗びき黒こしょう　各少々

作り方
1　トマトは1cm角に切り、ベーコンは細切りにする。
2　フライパンにオリーブオイルを中火で熱し、1を入れてトマトをつぶしながら2〜3分炒め、バルサミコ酢を加える。
3　魚焼きグリルかオーブントースターで、もちを焼き目がつくまで焼く。器に盛り、2をからめ、パセリを散らし、黒こしょうをふる。

ホットサンド2種

パンに具をはさんで焼くだけ。
冷蔵庫にある材料で簡単に作れて、夫も息子も
喜んでくれる人気の朝食メニューです。

材料（2人分）

＜アボカドマッシュルームサンド＞
食パン（6枚切り）　2枚
アボカド　1/2個
マッシュルーム　4個
A［粒マスタード・マヨネーズ　各大さじ1
塩・粗びき黒こしょう　各少々
オリーブオイル　小さじ2

＜トマトバジルサンド＞
食パン（6枚切り）　2枚
トマト　1個
モッツァレラチーズ　100g
バジルの葉　5枚
B［バルサミコ酢　小さじ1
　　塩　小さじ1/4
　　粗びき黒こしょう　少々
オリーブオイル　大さじ1

作り方
1　アボカドマッシュルームサンドを作る。アボカドは種と皮をとり、7〜8mm厚さに切る。マッシュルームは石づきをとり、5mm厚さに切る。
2　パンにAを塗り、1枚に1をのせる。塩、黒こしょうをふり、オリーブオイルをまわしかけ、残りのパンではさむ。
3　トマトバジルサンドを作る。トマトとモッツァレラは1cm厚さに切る。
4　パンにオリーブオイルを塗り、1枚に3をのせる。バジルをのせてBをふり、残りのパンではさむ。
5　2と4をホットサンドメーカーにのせてはさみ、中火で片面2分ずつこんがりと焼き、半分に切る。

※ホットサンドメーカーがなければ、作り方5でオリーブオイル少々を熱したフライパンにのせ、フライ返しなどで押さえながら焼きます。

かぼちゃのポタージュ

かぼちゃは野菜ポタージュスープの大定番。
甘みがあって子どもでも食べやすく、
そのうえ栄養もあって、万能の朝ごはんです。

材料(3人分)

かぼちゃ　200g
玉ねぎ　1/3個
A［白ワイン　大さじ2
　　水　1と1/4カップ］
B［牛乳　1カップ
　　塩　小さじ1/2］
粗びき黒こしょう　少々
オリーブオイル　小さじ1
フランスパン　適量

作り方

1 かぼちゃはところどころ皮をむき、3cm角に切る。玉ねぎは3cm四方に切る。
2 鍋にオリーブオイルを中火で熱し、玉ねぎを入れ、焦がさないようにしながら透き通るまで炒める。
3 かぼちゃを加えてさっと炒め、Aを加え、アクをとりながらひと煮立ちさせる。弱火にし、ふたをして約12分煮る。
4 火を止め、ハンドミキサーなどでなめらかになるまで撹拌し、再び弱火にかける。Bを加え、煮立つ直前に火を止める。
5 器に盛り、トーストしたフランスパンをのせ、黒こしょうをふる。

カリフラワーのポタージュ

家族にできるだけ野菜を食べさせたくて、
野菜のポタージュをよく作ります。
忙しい朝にさっと食べられるのもいいところ。

材料(3人分)

カリフラワー　300g
玉ねぎ　1/3個
A［白ワイン　大さじ2
　　水　1と1/4カップ］
B［牛乳　1カップ
　　塩　小さじ1/2］
オリーブオイル　適量

作り方

1 カリフラワーは3cm角に、玉ねぎは3cm四方に切る。
2 鍋にオリーブオイル小さじ1を中火で熱し、玉ねぎを入れ、焦がさないようにしながら透き通るまで炒める。
3 カリフラワーを加えてさっと炒め、Aを加え、アクをとりながらひと煮立ちさせる。弱火にし、ふたをして約12分煮る。
4 火を止め、ハンドミキサーなどでなめらかになるまで撹拌し、再び弱火にかける。Bを加え、煮立つ直前に火を止める。
5 器に盛り、オリーブオイル少々をたらす。

第6章 体を思う

やさしい味が元気になるおまじない

息子も中学生になって、最近は以前ほど、高熱を出したりお腹をこわしたりすることもなくなってきましたが、家族が体調をくずして寝込んだときは、やさしい味で食べやすく、体が温まるものを作ります。もちろん、病気の症状にもよるのですが、何日間か何も食べられなかったあと、少し元気が出てきたかなという頃は、無理せずにするとき食べられて、消化もよく、栄養がじんわりと体に行き渡る料理がいいと思います。わが家では野菜のすりながしや豆腐を入れた茶碗蒸しなどが定番です。

少しずつ栄養をとりながら、体力が戻ってきたかなと思ったら、おかゆやうどん、にゅうめんなど、エネルギーになるものの出番。弱っている体に負担をかけないように、具はやわらかく煮て塩分は控えめに、ごくごく薄味にしています。

やさしい味のおかゆやうどん、にゅうめんは、病気のときだけでなく、ふだんでも食べています。食べすぎで胃腸が疲れているときや、あまり食欲がないときなどに、家族の体をいたわってくれる癒しの味です。

卵がゆ

風邪をひいたりお腹をこわしたりして何も食べられない日が続いたあと、体力回復のために作るのは消化のいいおかゆ。なかでも、栄養のある卵がゆが定番です。お正月明けなど、胃腸が疲れているときにも食べたくなる、まろやかな癒しの味です。

材料(2人分)

米 1/2合
A［だし汁 2カップ
　 水 1と1/2カップ
溶き卵 1個分
塩 小さじ1/3
白いりごま 少々

作り方

1 米は洗ってざるに上げる。
2 鍋に1とAを入れ、中火にかける。煮立ったら弱火にし、ふたをしてときどき混ぜながら約30分煮る。
3 溶き卵を加えて混ぜ、塩を加えて味を調える。器に盛り、白ごまをふる。

第6章 体を思う

大根がゆ

やわらかく煮た大根が体にやさしいおかゆ。少し元気になると毎食同じ味では飽きるので、おかゆのバリエーションで気分を変えます。

材料(2人分)

米　1/2合
大根　約8cm(200g)
A [だし汁　2カップ
　　水　1と1/2カップ]
塩　小さじ1/3

作り方

1　米は洗ってざるに上げる。大根は皮をむいて1cm角に切る。

2　鍋に1とAを入れ、中火にかける。煮立ったらアクをとり、弱火にし、ふたをしてときどき混ぜながら約30分煮る。

3　塩を加えて味を調える。

にんじんがゆ

すりおろしたにんじんは、ほんのり甘くて食べやすく、色がきれいで栄養もたっぷり。息子の離乳食にもよく作りました。

材料(2人分)

米　1/2合
にんじん　1/2本(約100g)
A [だし汁　2カップ
　　水　1と1/2カップ]
塩　小さじ1/3
黒いりごま　少々

作り方

1　米は洗ってざるに上げる。にんじんは皮ごとすりおろす。

2　鍋に1とAを入れ、中火にかける。煮立ったらアクをとり、弱火にし、ふたをしてときどき混ぜながら約30分煮る。

3　塩を加えて味を調え、器に盛り、黒ごまをふる。

豆腐の茶碗蒸し

体調が悪いときは、無理なく食べられて栄養がとれるものがいちばん。これは、絹ごし豆腐を入れて、ぷるんとなめらかな口当たりに仕上げた茶碗蒸し。塩分控えめのやわらかな味です。

材料（2人分）

絹ごし豆腐　1/2丁
卵　2個

A ┌ だし汁　1と1/2カップ
　│ 酒　小さじ1
　│ しょうゆ　小さじ1/3
　└ 塩　小さじ1/4

作り方

1　豆腐は半分に切り、それぞれ器に入れる。
2　ボウルに卵を入れて溶き、Aを加えて混ぜ、ざるで漉す（a）。1に注ぎ入れ（b）、表面の泡をとる。
3　蒸気の上がった蒸し器に2を入れ、約3分蒸して弱火にし、さらに約20分蒸す。竹串を刺し、濁った液が出てこなければとり出す。

かぶのすりながし

息子が小さい頃、数日間寝込んでしまってやっと何か口にできるようになるとよく野菜のすりながしを作りました。食べやすくて体も温まるし、栄養もたっぷり。特にかぶは、繊維が少なく甘みがあってするすると体に入ります。

材料(2人分)

かぶ　2個(約150g)
A [だし汁　1と1/2カップ
    酒　小さじ1
塩　小さじ1/3

作り方

1　かぶは皮ごとすりおろす(a)。

2　鍋に1とAを入れ(b)、中火にかける。煮立ったらアクをとり、弱火にし、ふたをして約7分煮る。

3　塩を加えて味を調える。

鍋焼きうどん

病み上がりに体力をつけたいときは、消化がよくて元気が出るうどんの出番。弱っている胃腸に負担をかけないよう、麺も野菜もやわらかく煮て、薄味に仕上げます。

材料(2人分)

ゆでうどん　2玉
大根　約4cm(100g)
にんじん　1/2本
長ねぎ　1/3本
はんぺん　1枚
卵　2個

A[だし汁　3カップ
　 酒　大さじ2]
しょうゆ　大さじ2
塩　小さじ1/3
白いりごま　適量

作り方

1　大根は皮をむき、7～8mm厚さのいちょう切りに、にんじんは7～8mm厚さの半月切りにする。長ねぎは斜め薄切りにする。

2　鍋にA、ほぐしたうどん、1を入れて中火にかけ(a)、煮立ったらアクをとる。弱火にし、ふたをして約5分煮たら、しょうゆを加える。

3　4等分に切ったはんぺんをのせ、卵を落とし入れ(b)、ふたをしてさらに約5分煮る。

4　卵の白身が固まったら、塩を加えて味を調え、白ごまをふる。

卵にゅうめん

そうめんは塩分が高めなので、にゅうめんは、体力が戻った頃の回復食。するすると食べられるので、ふだんから、あまり食欲のないときや、夜食などにも作ります。

材料(2人分)

そうめん　3束
溶き卵　2個分
A［ だし汁　3カップ
　　酒　大さじ1 ］
B［ 塩・しょうゆ　各小さじ1/2 ］
おろししょうが　小さじ1/2
細ねぎ(小口切り)　4本分

作り方

1　鍋にAを入れ、中火にかける。ひと煮立ちさせたらBを加え、なじませる。

2　そうめんは袋の表示通りにゆでる。冷水にとってぬめりをとり、水けをよくきって1に加え、ひと煮立ちさせる。

3　溶き卵を少しずつ加え、ふんわりと火を通す。器に盛り、しょうがを加え、細ねぎを散らす。

第7章 大勢で食事

大人も子どもも喜んでくれる私の定番

ときどき、うちに親戚が集まったり、息子と同じ年頃の子どものいる友人たちが遊びに来たり、大人も子どもも入り交じって、大勢でわいわいとごはんを食べることがあります。といっても、子どもたちは食べるのもそこそこに遊びに夢中だったり、大人はお酒を飲みながら、ちょこちょことつまんでおしゃべりしたり。食事の楽しみ方やペースはそれぞれです。

気のおけない人たちとの気楽な集まりは、私もキッチンに入りびたりにならずに一緒に楽しみたいので、一度にたくさん作れて、作っておいても味や見た目があまり変わらないものを用意します。鍋ごとテーブルに出せる煮込み料理や、大きなせいろで蒸す料理、子どもたちも遊びをやめて集まってくる混ぜずしや混ぜごはん、パスタや揚げ物などが定番で、ほかに、大人のお酒のおつまみにもなるあえ物やサラダを加えたり。集まる人や季節によって、和・洋・中のラインナップを考えるのも、なかなか楽しいのです。

大勢の食事は、家族3人のごはん作りとは違う楽しみがあって、なにより皆が喜んでくれる、幸せな時間です。

シュウマイ

シュウマイは誰にでも喜んでもらえる人気料理。人が集まるときの定番レパートリーのひとつです。私はごろっとした大ぶりのシュウマイが好きで、たいてい大判の皮で作っています。

材料（20個分）

豚ひき肉　300g
長ねぎ　1/2本
干ししいたけ　3枚
干しえび　70g

A ┌ 紹興酒（または酒）・しょうゆ
　 └ 　各大さじ1
　ごま油　小さじ1
　シュウマイの皮（大判）　20枚

作り方

1　干ししいたけはかぶるくらいの水に約3時間、干しえびはかぶるくらいの湯に約15分、それぞれつけてもどす。いずれもみじん切りにし、もどし汁はとっておく。
2　長ねぎはみじん切りにする。
3　ボウルにひき肉を入れ、1、2、1のもどし汁各大さじ1、Aを加え、粘りが出るまでよく混ぜる（a）。ごま油を加え、さらによくなじませる（b）。
4　親指と人さし指を丸めてシュウマイの皮をのせ（c）、3をスプーンですくってのせ、スプーンの腹で押さえながら詰める（d）。
5　大きめのせいろにオーブンシートを敷いて4をのせ、形を整え（e）、くっつかないように間隔をあけて並べる。
6　鍋に湯を沸かして5のせいろをのせ、せいろのふたをして強火で約12分蒸す。

汁なし担々麺

大勢の食事は、食べるペースもいろいろ。お開きの頃には満腹の人もいるので、シメの麺料理は気楽な注文スタイルに。具だけ準備して、食べたい人の分だけ麺をゆでます。

材料（4〜5人分）

豚バラ薄切り肉　300g
たけのこ（水煮）　200g
しょうが（みじん切り）　1かけ分
トマト　3個
中華麺　2〜3玉
A ┌ 紹興酒（または酒）・しょうゆ
　 └ 　各大さじ1

B ┌ 白練りごま　大さじ4
　│ 黒酢・しょうゆ・ごま油
　 └ 　各大さじ3
　ごま油　小さじ2
　細ねぎ（小口切り）　8本分
　白いりごま　少々
　ラー油（あれば好みで）　適量

作り方

1　豚肉は1cm四方、たけのこは1cm角に切る。
2　フライパンにごま油を中火で熱し、しょうがを入れ、香りが立ったら1を加え、肉の色が変わるまで炒める。Aを加え、汁けがなくなるまで炒める。
3　トマトは2cm角に切る。
4　麺は袋の表示通りにゆでて湯をきり、器に入れる。2と3をのせ、合わせたBをかける。細ねぎを散らし、白ごまをふり、好みでラー油をかける。

ザーサイ入り卵焼き

ザーサイの塩けでしっかり味がついていて、冷めてもおいしい卵焼き。切らずに丸ごと出して、ラフにざくっととり分けながらいただきます。

材料(4〜5人分)
ザーサイ　50g
長ねぎ　1/3本
卵　3個
紹興酒(または酒)　大さじ1
ごま油　大さじ1と1/2
白いりごま　少々

作り方
1　ザーサイは薄切りにしてさっと洗い、かぶるくらいの水に10分つけて塩抜きし、粗く刻む。
2　長ねぎは小口切りにする。
3　ボウルに卵を入れて溶き、1、2、紹興酒を加えて混ぜる。
4　フライパンにごま油を中火で熱し、3を入れて全体をかき混ぜ、半熟になったら広げて約6分焼く。
5　裏返して弱火にし、約5分焼いて器に盛り、白ごまをふる。

きくらげときゅうりの黒酢あえ

しょうがをきかせたさっぱりとしたあえ物は、主に大人用の箸休め。黒酢とごま油で香りよく、お酒のつまみにも喜んでもらえます。

材料(4〜5人分)
生きくらげ　200g
きゅうり　3本
塩　小さじ1/2
A ┌ しょうが(せん切り)　1かけ分
　│ 黒酢　大さじ1
　└ ナンプラー　小さじ1
カシューナッツ(ローストしたもの)　12個
ごま油　大さじ1

作り方
1　きくらげは石づきをとり、沸騰した湯で約2分ゆでる。水けをきり、細切りにする。
2　きゅうりは縦半分に切って種を除き、5mm幅の斜め切りにする。塩をふってしんなりするまでもみ、出てきた水分をぎゅっと絞る。
3　ボウルに1、2、Aを入れてあえ、粗く刻んだカシューナッツとごま油を加えて混ぜる。

いかと九条ねぎのオイルがけ

大好きなねぎをたっぷりと使ってこれまた大好きな黒酢をきかせた料理。いかはさっとゆでて余熱で火を通し、やわらかく仕上げています。

材料（4～5人分）

やりいか　3ばい（約600g）
九条ねぎ　4本
A ┌ 酒　大さじ1
　└ 水　1/2カップ

B ┌ しょうが（みじん切り）　1かけ分
　│ にんにく（みじん切り）　1片分
　│ 紹興酒（または酒）　大さじ2
　│ 黒酢　大さじ1
　│ しょうゆ　大さじ1と1/2
　└ ごま油　大さじ2

作り方

1　いかはゲソをはずして内臓と軟骨をとり除き、胴の皮をむいて1cm幅の筒切りにする。

2　沸騰した湯にAを加え、1を入れて約1分ゆでる。火を止めてそのまま冷まし、余熱で火を通す。

3　九条ねぎは小口切りにする（a）。

4　小鍋にBを入れて中火にかけ、煮立たせる。

5　器に水けをきった2と3を盛り、熱々の4をまわしかける（b）。

トマトソースパスタ

子どもが大好きな定番パスタ。ソースは、たっぷりのオイルでトマトを炒めてしっかり煮詰めると、コクが出ておいしいです。

材料(4〜5人分)
スパゲッティ(2.2mm)　320g
トマト　大6個
にんにく(つぶす)　2片
A [白ワイン　大さじ4
　　塩　小さじ1]
パルミジャーノレッジャーノ　40g
オリーブオイル　大さじ3

作り方

1. トマトは皮を湯むきし、ざく切りにする。大きい種があればとり除く。
2. フライパンにオリーブオイルとにんにくを中火で熱し、香りが立ったら1を入れ、水分をとばすようにつぶしながら炒める。
3. Aを加えてひと煮立ちさせ、弱火にし、約5分煮詰める。
4. 3ℓの湯を沸かして塩大さじ1と1/2(分量外)を加え、袋の表示通りにスパゲッティをゆでる。
5. ゆで汁1/2カップを3に加え、中火にしてトマトとなじませ、ゆで上がったスパゲッティを加えてからめる。
6. 器に盛り、すりおろしたパルミジャーノレッジャーノを散らす。

オイルサーディンとディルのパスタ

ショートパスタは、時間がたってもほとんど状態が変わらず、作っておけるので便利です。サーディンにさわやかなディルを合わせて。

材料(4〜5人分)
ショートパスタ　320g
オイルサーディン　2缶(440g)
ディル　12本
玉ねぎ　1個
にんにく(つぶす)　1片
白ワイン　1/4カップ
塩　小さじ2/3
オリーブオイル　大さじ2
レモン　1/2個
粗びき黒こしょう　少々

作り方

1. オイルサーディンは汁ごと粗くほぐす。
2. 玉ねぎは縦に薄切りにする。
3. 2ℓの湯を沸かして塩大さじ1(分量外)を加え、袋の表示通りにパスタをゆでる。
4. フライパンにオリーブオイルとにんにくを中火で熱し、香りが立ったら2を入れて透き通るまで炒める。1を加え、さっと炒め合わせて白ワインを加える。
5. 3のゆで汁80mlを加えてなじませ、ゆで上がったパスタを加えて混ぜ、塩を加える。
6. ざく切りにしたディルを加えてさっと炒め、レモンを搾り、黒こしょうをふる。

第7章　大勢で食事

煮込みハンバーグ

大人にも子どもにも大好評のハンバーグはたっぷりの赤ワインで煮込んでおきます。肉だねにも赤ワインを加えると、肉の臭みもとれるし、ハンバーグとソースがひとつにまとまります。コンロの弱火で煮てもいいですが、肉に均一に火が通って失敗がないので、私はオーブンにおまかせしています。

材料(6人分)

合いびき肉　600g
玉ねぎ　1個
パン粉　大さじ5
牛乳　大さじ3

A ┌ 卵　1個
　├ 赤ワイン　1/4カップ
　├ 塩　小さじ1/2
　└ 粗びき黒こしょう　少々

B ┌ ローリエ　1枚
　├ 赤ワイン　2と1/4カップ
　├ ウスターソース　大さじ3
　└ トマトペースト　大さじ1

グリーンアスパラ　5〜6本
ブラウンマッシュルーム　8個

C ┌ しょうゆ　大さじ1
　└ バター　20g

オリーブオイル　大さじ1

作り方

1　玉ねぎは粗みじん切りにする。パン粉は牛乳を加えてやわらかくする。

2　ボウルにひき肉、1、Aを入れ、ひとまとまりになるまでよく混ぜる。6等分し、それぞれ空気を抜きながら形を整える(a)。

3　オーブンで使用できる鍋にオリーブオイルを中火で熱し、2を入れて両面に焼き目をつけ、Bを加えてひと煮立ちさせる。

4　鍋のふたをして、170℃に予熱したオーブンに入れて約12分焼く。

5　アスパラは皮をむき、縦半分に切る。マッシュルームは石づきをとり、4等分に切る。4に加え(b)、オーブンでさらに約8分焼き、Cを加えてなじませる。

a

b

白いんげん豆と豚肉の煮込み

時間がたつほどに味が深まる煮込み料理は、準備も手軽で、人が集まるときに重宝します。鍋ごとどーんとテーブルに出して、わいわい楽しんでもらえる気楽さも好き。豚のかたまり肉と豆の煮込みはわが家の定番で、塩豚（→P26／ゆでる前のもの）やスペアリブでもおいしくできます。

材料（4〜5人分）

豚肩ロースかたまり肉　400〜500g
白いんげん豆（乾燥）　100g
塩　適量
玉ねぎ　2個
にんにく（つぶす）　1片
A ┌ ローリエ　1枚
　├ 白ワイン　1/2カップ
　└ 水　3カップ
粗びき黒こしょう　少々
オリーブオイル　小さじ2
好みのパン　適量

作り方

1　白いんげん豆はさっと洗い、かぶるくらいの水に6時間つけてもどす。

2　水けをきって鍋に入れ、かぶるくらいの水と塩ひとつまみを加え、中火にかける。煮立ったら弱火にし、アクをとりながら約30分ゆでる。ゆで汁1カップをとっておく。

3　豚肉は室温に約1時間おき、塩小さじ1をよくすり込む。玉ねぎは2cm四方に切る。

4　鍋にオリーブオイルとにんにくを中火で熱し、香りが立ったら豚肉を入れ、表面全体に焼き目をつける。

5　玉ねぎを加えてさっと炒め、2の豆とゆで汁、Aを加え、アクをとりながらひと煮立ちさせる。弱火にし、ときどきヘラで混ぜながら約1時間煮る。

6　器に盛り、黒こしょうをふり、パンを添える。

クレソンのサラダ

ほろ苦いクレソンをフルーティなりんご酢であえたシンプルなサラダは、ハンバーグや豚肉の煮込みなど、こってり料理と一緒に。

材料（4〜5人分）
クレソン　200g
くるみ（ローストしたもの）　10個
A ┌ りんご酢　大さじ1と1/2
　│ 塩　小さじ1/3
　└ オリーブオイル　大さじ1
粗びき黒こしょう　少々

作り方

1　クレソンはざく切りにする。くるみは粗く刻む。
2　ボウルにAを合わせてしっかりと混ぜ、1を加えてあえる。器に盛り、黒こしょうをふる。

定番ポテトサラダ

夫がマヨネーズ嫌いなので、うちのポテサラはヨーグルトとオリーブオイルで味つけ。来客のときも同じ味を楽しんでもらっています。

材料（4〜5人分）
じゃがいも　3個
玉ねぎ　1/3個
きゅうり　1/2本
塩　小さじ1
ヨーグルト　大さじ2
粗びき黒こしょう　少々
オリーブオイル　大さじ1

作り方

1　じゃがいもは皮をたわしでよく洗い、蒸気の上がった蒸し器に入れ、竹串を刺してすっと通るまで25〜30分蒸す。
2　熱いうちに皮をむいてボウルに入れ、フォークで粗くつぶす。塩小さじ2/3をふり、粗熱をとる。
3　玉ねぎは縦に薄切りにし、水に5分さらしてキッチンペーパーで水けをふく。
4　きゅうりは薄い輪切りにし、塩小さじ1/3をふってしんなりするまでもみ、出てきた水分をぎゅっと絞る。
5　2に3、4、ヨーグルトを加えてあえ、オリーブオイルを加えてさっと混ぜる。器に盛り、黒こしょうをふる。

ねぎとろ丼

和風ごはんのシメにはこれ。
酢飯を作っておけば、
あとはまぐろをたたいてのせるだけなので、
皆と話をしながら、ささっと作れます。

材料（4〜5人分）

まぐろの赤身（刺身用） 200g
まぐろの中とろ（刺身用） 200g
細ねぎ（小口切り） 5本分
しょうゆ 大さじ1
青じそ 4〜5枚
温かいご飯 茶碗4〜5杯分
A ┌ 米酢 大さじ4
　├ てん菜糖 小さじ1
　└ 塩 小さじ1/3

作り方

1. まぐろの赤身と中とろは、合わせて包丁で細かくたたく（a）。
2. ボウルに入れ、細ねぎとしょうゆを加え（b）、さっと混ぜる（c）。
3. ご飯に合わせたAを加えて混ぜ、粗熱をとり、器に盛る。青じそを敷き、2をのせる。

材料(4〜5人分)

金目鯛(切り身)　6切れ
塩　小さじ1
切りもち　3個
ごぼう　1本
油揚げ　大2枚
生わかめ　200g
せり　1袋
A ┌ 昆布(5cm角)　1枚
　│ 酒　1/2カップ
　└ 水　3カップ
B ┌ しょうゆ　大さじ1
　└ 塩　小さじ1/4
揚げ油・ポン酢　各適量

作り方

1　もちはそれぞれ8等分に切り、ざるにのせて半日ほど乾かす。
2　ごぼうはピーラーで縦にそぎ、水にさらして水けをきる。
3　金目鯛は塩をふり、10分おいてキッチンペーパーで水けをふく。油揚げは両面に熱湯をまわしかけて油抜きし、三角形に切る。わかめは水で洗い、食べやすい大きさに切る(a)。
4　170℃に熱した油に1を入れ、軽く色づくまで2〜3分揚げる(b)。
5　鍋にAと2を入れ、中火にかける。煮立ったらBと3を加え、アクをとりながらひと煮立ちさせる。
6　弱めの中火にし、4と4等分の長さに切ったせりを加え、さっと煮る。好みでポン酢をつけて食べる。

a

b

金目鯛と揚げもちの鍋

鯛や油揚げ、ごぼうが味を出してくれるので、そのままでおいしいお鍋。ちょっと煮詰まったら、ポン酢をつけると味が変わって、さっぱり食べられます。もちは、表面が少しひび割れるくらいまで乾かしてから、さくっと香ばしく揚げています。シメには子どもが喜ぶうどんがおすすめ。

白あえ3種

季節の野菜を使った白あえが大好きで、ふだんからよく作っています。人が集まるときは、好き嫌いもあるので、こんなふうに数種類作っておくと安心。いんげんやれんこんなどもおいしいです。

材料（4〜5人分）

スナップえんどう　15本
生しいたけ　8個
にんじん　2本(400g)
絹ごし豆腐　2丁(300g)

A ┌ 白練りごま　大さじ4
　├ 白いりごま　大さじ2
　├ しょうゆ　大さじ2
　└ 塩　小さじ1/3
酒　大さじ1
塩・粉山椒　各少々

作り方

1　豆腐はキッチンペーパーで二重に包み、10分おいて水きりする。

2　すり鉢にAの白いりごまを入れ、少し粒が残る程度にする。残りのAと1を加え、なめらかになるまで混ぜる。

3　スナップえんどうは、塩を加えた熱湯で約40秒ゆでてざるに上げ、縦半分に割る。

4　生しいたけは石づきをとり、魚焼きグリルで焼き目がつくまで焼き、温かいうちに4等分に切る。

5　にんじんは細切りにし、酒を加えた熱湯で約40秒ゆでてざるに上げ、キッチンペーパーで水けをふく。

6　2を3等分してボウルに入れ、3〜5をそれぞれ加えてあえる。器に盛り、しいたけの白あえに粉山椒をふる。

あじの混ぜずし

具だくさんの混ぜずしや混ぜごはんは、食べやすくて一品で満足感があるので、子どもがたくさん集まるときによく作ります。とうもろこし入りの混ぜずしは、彩りもきれいで、ほのかに甘く、子どもたちが喜んでくれます。

材料（4〜5人分）

あじの開き　4枚
とうもろこし　2本
三つ葉　1束
青じそ　10枚
みょうが　2個

しょうがの搾り汁　小さじ2
温かいご飯　2合分
A ┌ 米酢　80ml
　├ てん菜糖　大さじ1
　└ 塩　小さじ1
白いりごま　大さじ2

作り方

1　あじは焼いて温かいうちにほぐし、骨を除く。ほぐした身にしょうがの搾り汁を加えて混ぜる。

2　とうもろこしは、蒸すかゆでて包丁で芯から実をそぐ。

3　三つ葉と青じそは粗く刻む。みょうがは粗みじん切りにし、水に5分さらしてキッチンペーパーで水けをふく。

4　ご飯に合わせたAと白ごまを加えて混ぜ、粗熱をとる。1と2を加えて均一に混ぜ、3を加えてさっと混ぜ合わせる。

ワタナベマキ ｜ Maki Watanabe

料理家。季節の野菜や体にいい食材をバランスよくとり入れた、無理なく作れる料理レシピが支持されている。家族との暮らしを大切にした、自然体なライフスタイルにもファンが多く、ショップとコラボした生活雑貨や洋服のプロデュース、雑誌や書籍、広告など多方面で活躍中。『アジアのごはん』『アジアの麺』『うちの台所道具』(すべて小社刊)、『何も作りたくない日はご飯と汁だけあればいい』(KADOKAWA)、『旬菜ごよみ365日 季節の味を愛しむ日々とレシピ』(誠文堂新光社)など著書も多数。

アートディレクション・デザイン 鳥沢智沙(sunshine bird graphic)
撮影 野口健志
スタイリング ワタナベマキ
校閲 滄流社
取材・構成 草柳麻子
編集 泊出紀子

料理家ワタナベマキが
家族のために作るごはん

著 者 ワタナベマキ
編集人 泊出紀子
発行人 倉次辰男
発行所 株式会社 主婦と生活社
　　　〒104-8357 東京都中央区京橋3-5-7
　　　TEL 03-3563-5129(編集部)
　　　TEL 03-3563-5121(販売部)
　　　TEL 03-3563-5125(生産部)
　　　http://www.shufu.co.jp/
製版所 東京カラーフォト・プロセス株式会社
印刷所 大日本印刷株式会社
製本所 小泉製本株式会社
ISBN 978-4-391-15355-2

落丁・乱丁の場合はお取り替えいたします。お買い求めの書店か、小社生産部までお申し出ください。

Ⓡ 本書を無断で複写複製(電子化を含む)することは、著作権法上の例外を除き、禁じられています。本書をコピーされる場合は、事前に日本複製権センター(JRRC)の許諾を受けてください。また、本書を代行業者等の第三者に依頼してスキャンやデジタル化をすることは、たとえ個人や家庭内の利用であっても一切認められておりません。
JRRC(https://jrrc.or.jp Eメール：jrrc_info@jrrc.or.jp
TEL：03-3401-2382)

©MAKI WATANABE 2019 Printed in Japan

お送りいただいた個人情報は、今後の編集企画の参考としてのみ使用し、他の目的には使用いたしません。
詳しくは当社のプライバシーポリシー(http://www.shufu.co.jp/privacy/)をご覧ください。